TARÔ INSTANTÂNEO

Monte Farber
Amy Zerner

TARÔ INSTANTÂNEO

Guia Completo para a Leitura das Cartas

Tradução
Claudia Gerpe Duarte
Eduardo Gerpe Duarte

Editora
Pensamento
SÃO PAULO

Título do original: *Instant Tarot*.
Copyright © 2017 Monte Farber e Amy Zerner.
Copyright da edição brasileira © 2019 Editora Pensamento-Cultrix Ltda.
1ª edição 2019. / 1ª reimpressão 2020.

Todos os direitos reservados. Nenhuma parte deste livro pode ser reproduzida ou usada de qualquer forma ou por qualquer meio, eletrônico ou mecânico, inclusive fotocópias, gravações ou sistema de armazenamento em banco de dados, sem permissão por escrito, exceto nos casos de trechos curtos citados em resenhas críticas ou artigos de revista.

A Editora Pensamento não se responsabiliza por eventuais mudanças ocorridas nos endereços convencionais ou eletrônicos citados neste livro.

Editor: Adilson Silva Ramachandra
Gerente editorial: Roseli de S. Ferraz
Preparação de originais: Karina Gercke
Produção editorial: Indiara Faria Kayo
Editoração eletrônica: Join Bureau
Revisão: Vivian Miwa Matsushita

Dados Internacionais de Catalogação na Publicação (CIP)
(Câmara Brasileira do Livro, SP, Brasil)

Farber, Monte
 Tarô instantâneo: guia completo para a leitura das cartas / Monte Farber, Amy Zerner; tradução Claudia Gerpe Duarte, Eduardo Gerpe Duarte. – São Paulo: Cultrix, 2019.

 Título original: Instant tarot
 ISBN 978-85-315-2094-5

 1. Tarô I. Zerner, Amy. II. Título.

19-29107   CDD-133.32424

Índices para catálogo sistemático:
1. Tarô: Artes divinatórias   133.32424
Cibele Maria Dias - Bibliotecária - CRB-8/9427

Direitos de tradução para o Brasil adquiridos com exclusividade pela
EDITORA PENSAMENTO-CULTRIX LTDA., que se reserva a
propriedade literária desta tradução.
Rua Dr. Mário Vicente, 368 - 04270-000 - São Paulo - SP
Fone: (11) 2066-9000
http://www.editorapensamento.com.br
E-mail: atendimento@editorapensamento.com.br
Foi feito o depósito legal.

Para mamãe, Jessie Spicer Zerner,
nosso amado anjo na Terra, que agora está no Céu.

SUMÁRIO

Atalhos para o Significado das Cartas 9
Introdução 15
Tarô Instantâneo em Três Passos Simples... 21
Perguntas de Uma Carta 25
Perguntas de Três Cartas 27
A Cruz Celta... 29
Exemplo de uma Leitura 33

Perguntas Frequentes sobre a Leitura do Tarô..................................... 39
Os Arcanos Maiores 45
Paus 111
Espadas.. 153
Copas 195
Ouros... 237

OS ARCANOS MAIORES

CARTA	SIGNIFICADO	PÁGINA
0. O Louco	A Confiança	45
1. O Mago	A Energia	48
2. A Sacerdotisa	A Intuição	51
3. A Imperatriz	A Criatividade	54
4. O Imperador	A Realização	57
5. O Hierofante	A Tradição	60
6. Os Enamorados	A Atração	63
7. O Carro	A Determinação	66
8. A Força	O Coração Valente	69
9. O Eremita	A Introspecção	72
10. A Roda da Fortuna	Os Ciclos	75
11. A Justiça	A Verdade	78
12. O Enforcado	A Suspensão	81
13. A Morte	A Transformação	84
14. A Temperança	A Paciência	87
15. O Diabo	A Trapaça	90
16. A Torre	A Crise	93
17. A Estrela	A Iluminação	96
18. A Lua	A Jornada nas Sombras	99
19. O Sol	A Luz	102
20. O Julgamento	O Ajuste de Contas	105
21. O Mundo	O Ápice	108

O NAIPE DE PAUS

(representa o elemento Fogo, a Ação, e também é conhecido como Vara ou Bastão)

CARTA	SIGNIFICADO	PÁGINA
Ás de Paus	A Iniciação	111
Dois de Paus	O Planejamento	114
Três de Paus	A Oportunidade	117
Quatro de Paus	A Conclusão	120
Cinco de Paus	A Competição	123
Seis de Paus	A Vitória	126
Sete de Paus	A Coragem	129
Oito de Paus	Os Sinais	132
Nove de Paus	A Disciplina	135
Dez de Paus	A Opressão	138
Valete (Pajem) de Paus	A Impulsividade	141
Cavaleiro (Príncipe) de Paus	A Ambição	144
Rainha de Paus	A Inspiração	147
Rei de Paus	O Dinamismo	150

O NAIPE DE ESPADAS

(representa o elemento Ar, as Ideias, e também é conhecido como Gládio, Machado e Lança)

CARTA	SIGNIFICADO	PÁGINA
Ás de Espadas	O Triunfo	153
Dois de Espadas	O Equilíbrio	156
Três de Espadas	O Sofrimento	159
Quatro de Espadas	A Reclusão	162
Cinco de Espadas	A Derrota	165
Seis de Espadas	A Passagem	168
Sete de Espadas	A Oposição	171
Oito de Espadas	A Indecisão	174
Nove de Espadas	O Pesadelo	177
Dez de Espadas	A Ruína	180
Valete (Pajem) de Espadas	As Ideias	183
Cavaleiro (Príncipe) de Espadas	A Inventividade	186
Rainha de Espadas	A Independência	189
Rei de Espadas	O Intelecto	192

O NAIPE DE COPAS

(representa o elemento Água, as Emoções, e também é conhecido como Taça, Ânfora e Coração)

CARTA	SIGNIFICADO	PÁGINA
Ás de Copas	O Amor	195
Dois de Copas	O Romance	198
Três de Copas	A Celebração	201
Quatro de Copas	A Reavaliação	204
Cinco de Copas	O Desapontamento	207
Seis de Copas	A Alegria	210
Sete de Copas	A Ilusão	213
Oito de Copas	O Sacrifício	216
Nove de Copas	A Realização	219
Dez de Copas	O Sucesso	222
Valete (Pajem) de Copas	A Ternura	225
Cavaleiro (Príncipe) de Copas	O Encanto	228
Rainha de Copas	A Empatia	231
Rei de Copas	A Consideração	234

ATALHOS PARA O NAIPE DE COPAS

O NAIPE DE OUROS

(representa o elemento Terra, e também é conhecido como Diamante, Estrela e Moeda)

CARTA	SIGNIFICADO	PÁGINA
Ás de Ouros	A Recompensa	237
Dois de Ouros	A Mudança	240
Três de Ouros	O Trabalho	243
Quatro de Ouros	A Possessividade	246
Cinco de Ouros	A Ansiedade	249
Seis de Ouros	A Generosidade	252
Sete de Ouros	A Frustração	255
Oito de Ouros	A Habilidade	258
Nove de Ouros	A Abundância	261
Dez de Ouros	A Proteção	264
Valete (Pajem) de Ouros	A Praticabilidade	267
Cavaleiro (Príncipe) de Ouros	A Confiabilidade	270
Rainha de Ouros	A Boa Sorte	273
Rei de Ouros	O Pragmatismo	276

INTRODUÇÃO

Este livro foi elaborado para possibilitar que você leia sem esforço – e instantaneamente – as cartas de qualquer baralho de tarô bem como as de muitos baralhos não tradicionais disponíveis no mercado nos dias de hoje. Embora *Tarô Instantâneo* tenha sido concebido especificamente para fazer com que os iniciantes façam leituras instantâneas e rápidas, até mesmo os leitores mais experientes poderão adquirir novos e valiosos conhecimentos sobre essa arte.

Tarô Instantâneo traz a antiga arte da leitura do tarô para o século XXI. Como você logo verá, a leitura das cartas pode ser uma experiência muito poderosa, estimulante e agradável. A orientação suave e assertiva, contida nas páginas deste livro, é profunda e estimulante. O mais importante é que ela é rápida e muito acessível.

As imagens utilizadas neste livro são do Tarô Rider-Waite,* uma obra-prima criada em 1909 pela artista Pamela Coleman Smith sob a orientação de A. E. Waite, publicado por US Games. O baralho é digno de nota por ser um dos mais conhecidos no mundo; é usado por quase todos os tarólogos que aprendem a interpretação tradicional, pois ainda não podiam aprender por meio do nosso método simples.

Existem literalmente centenas de baralhos de tarô, e centenas de livros foram escritos ao longo do tempo para nos ajudar a compreender o significado geral das cartas. Quase todos esses livros requerem que você passe um longo tempo estudando e decorando os significados, símbolos e atribuições sutis e, muitas vezes, confusos das 78 cartas. Depois, você precisa

---

* A inversão na numeração das cartas da Justiça e da Força utilizadas neste livro é um artifício para enfatizar o conceito de equilíbrio, usado propositalmente por Arthur Edward Waite, um dos criadores do tarô Rider-White. (N.E.)

aprender o significado básico de cada uma das 11 posições na tiragem da Cruz Celta, que é, de longe, a mais popular utilizada pelos leitores de tarô.

O que torna *Tarô Instantâneo* tão estimulante e diferente?

O significado de uma carta muda dependendo da posição que ela ocupa na tiragem. De modo geral, cada um entre essas centenas de livros de tarô deixa a critério do leitor, um iniciante, descobrir o que cada uma das 78 diferentes cartas significa em cada uma das 11 posições na Cruz Celta! Nenhum desses livros lhe diz o significado exato de cada carta em todas as posições. Isso deixa você, leitor de tarô iniciante, preso às páginas de um livro para procurar, de modo desordenado, os diversos significados de várias cartas, tendo depois que reunir todas as informações. Isso não apenas coíbe a espontaneidade da leitura, como também o priva da sua habilidade intuitiva natural enquanto você está trabalhando com a tiragem. Não causa estranheza o fato de que quase todas as pessoas que tentaram aprender tarô tenham desistido tão rápido.

Tarô Instantâneo lhe confere acesso fácil e imediato ao poder do tarô de orientar a sua vida. Possibilita que você encontre *instantaneamente* a interpretação de cada carta quando esta aparece em cada uma das 11 posições específicas da tiragem da Cruz Celta. Você achará cada vez mais fácil fazer perguntas e obter respostas claras. Você não precisa decorar nada! Tudo o que deve fazer é embaralhar as cartas e escolher quantas são necessárias para responder ao tipo de pergunta que você selecionou. Em seguida, procure sua resposta nas páginas da seção principal deste livro. Exatamente como um leitor de tarô experiente, você terá sua resposta interpretando o significado de cada carta em cada posição indicada pelo tipo de leitura que você escolheu: uma carta, três cartas ou as 11 cartas da Cruz Celta. Todos os significados estão no livro. É muito simples se tornar um leitor de tarô.

Quando você pede e recebe orientação de qualquer baralho de tarô, está realizando um antigo ritual – ritual esse que é renovado a cada nova pergunta que você apresenta a ele. Quando embaralha as cartas mentalizando sua pergunta, você se torna outro elo em uma corrente ininterrupta de buscadores da verdade que recua a uma longa distância no tempo.

Consta que, durante séculos, muitos soberanos europeus e seus súditos recorriam regularmente aos conselhos dos grandes tarólogos da sua época. Hoje em dia, atrás das portas fechadas das salas da diretoria e dos quartos de dormir, os ricos, os poderosos e os bem-sucedidos ainda consultam o tarô com regularidade. Parafraseando os comentários do falecido J. P. Morgan a respeito do uso que fizera da astrologia ao acumular sua vasta fortuna: "Os milionários não usam cartas de tarô; os bilionários usam".

No entanto, as cartas do tarô não são apenas para a elite. Hoje, qualquer pessoa pode descobrir a verdade atemporal e o poder pessoal acessíveis por meio do tarô. As pessoas não consultam o tarô porque ele está na moda ou porque é algo divertido. Fazem isso porque ele funciona. Ele responde às perguntas que elas fazem e as ajuda a tomar importantes decisões. Usar o poder do tarô pode até mesmo lhe conferir uma vantagem exclusiva sobre aqueles que não são corajosos o bastante para explorar as opções que têm para reunir e interpretar informações. *Tarô Instantâneo* possibilitará que você consulte as cartas regularmente, transformando-as em conselheiras e parte importante da fonte de uma "mistura" de informações.

Muitas pessoas pensam no tarô apenas como um método de previsão da sorte. No entanto, as cartas do tarô são ferramentas para o conhecimento, o crescimento e o sucesso pessoais. Quando interpretado por leitores experientes, como minha mulher Amy e eu, o tarô pode ajudá-lo a traçar seu destino.

Desde 1990, introduzimos centenas de milhares de pessoas no mundo inteiro na fascinante e proveitosa experiência de usar as cartas do tarô para adquirir conhecimento sobre sua própria vida e a vida daqueles com quem se importam. Juntos, dedicamos nossa vida a usar nossa arte para tornar as verdades atemporais dos antigos sistemas de conhecimento e poder pessoal acessíveis e úteis para todos, neste momento, no nosso mundo moderno. Tivemos êxito ao tirar a "poeira" do tarô, poeira que se acumulou ao longo de séculos de mal-entendidos e superstições das artes divinatórias. Com o tempo, Amy e eu nos tornamos destacados criadores de sistemas divinatórios personalizados e interativos, ou, como gostamos de chamá-los, ferramentas de poder espiritual.

Tarô Instantâneo é uma dessas ferramentas de poder espiritual. Instantânea, direta, fácil de entender e de usar.

Como todas as pessoas bem-sucedidas aprenderam, saber o máximo possível a respeito das condições que se manifestam na sua vida é crucial para tomar boas decisões. Como diz o velho ditado: "Um homem prevenido vale por dois". Se parece que as coisas vão dar certo, então você sabe que deve continuar a fazer tudo do jeito que vem fazendo. Se parece que as coisas não vão dar certo, o tarô também pode sugerir maneiras de fazer com que elas melhorem. Como Amy e eu sempre dizemos, as escolhas equivocadas são o denominador comum de quase todos os problemas. Quando você sabe interpretar as cartas do tarô de maneira adequada, você pode receber um vasto leque de mensagens destinadas a lhe oferecer orientação a respeito de eventos futuros que poderão se manifestar na sua vida. Você saberá o caminho correto a seguir.

O tarô não determina suas ações e nem dirige sua vida. Em vez de lhe dizer o que fazer, as cartas o colocarão em contato com a maneira como você se sente a respeito do que está acontecendo na sua vida, ajudando-o desse modo a tomar melhores decisões. Na realidade, você pode pensar no *Tarô Instantâneo* como uma ferramenta para a tomada de decisões, uma bela peça para exercícios espirituais, e uma maneira exclusiva de melhorar suas escolhas.

Sempre que você fizer uma leitura de tarô, é muito importante que avalie o que pensa e sente a respeito da resposta que as cartas lhe deram. Em seguida, tome suas decisões com base nas reflexões mais intensas proporcionadas pelo tarô sobre sua situação. Depois de algum tempo, você notará que sua intuição e sua capacidade de tomar decisões vão melhorar, com ou sem a ajuda das cartas.

As cartas do tarô adicionam tempero à sua vida, mas você não pode viver apenas de temperos. Seu livre-arbítrio para tomar decisões é seu "prato principal". *Tarô Instantâneo* foi desenvolvido para ajudá-lo a se conectar de maneira adequada com as orientações do tarô e colocá-las em prática. Desejamos sinceramente que nossa criação o ajude a compreender melhor sua voz interior e a habilidade de ser orientado por ela. Esperamos que venha a conhecer o poder que nos ajudou, e, desse modo, faça com que sua vida seja o que sempre desejou. Se você se aproximar do tarô com um sentimento de respeito, sinceridade e humildade, tudo poderá lhe ser revelado.

— Monte Farber e Amy Zerner

TARÔ INSTANTÂNEO EM TRÊS PASSOS SIMPLES

PRIMEIRO PASSO

ESCOLHA A PERGUNTA QUE É A ADEQUADA PARA VOCÊ

Qual pergunta é a adequada para você? Que pergunta lhe dirá o que deseja saber? Nas páginas 25 a 36, apresentamos perguntas para a leitura de uma carta, a tiragem de três cartas e a tiragem da Cruz Celta. Diferentes perguntas exigem tiragens diferentes para que sejam respondidas da forma correta. Examine a lista de perguntas sugeridas e escolha aquela que está mais próxima da pergunta para qual quer respostas; em seguida, use essa tiragem.

Se você sente que tem perguntas demais, faça primeiro a mais importante. As perguntas sugeridas poderão ajudá-lo a simplificar e esclarecer sua pergunta.

Se você não tem uma pergunta específica, faça apenas uma básica: "Diga-me o que eu preciso saber para meu bem maior". Nossa experiência demonstrou que depois que as pessoas veem as cartas do tarô "se encaixarem" em situações específicas, muitas vezes têm uma pergunta a fazer.

SEGUNDO PASSO

RELAXE!

Inspire profunda e confortavelmente. Solte o ar lentamente. Agora, repita a pergunta para si mesmo enquanto embaralha as cartas do tarô. Se possível, tente visualizar sua pergunta; enquanto embaralha as cartas, veja na sua tela mental uma imagem da situação sobre a qual você deseja informações. Pare de embaralhar as cartas quando sentir que é o momento certo para isso. Relaxe. Você está indo bem. Se não souber quando deve parar de embaralhar, experimente embaralhar durante o tempo necessário para fazer a pergunta duas vezes.

Em seguida, deite as cartas. Depois, pegue uma, três ou 11 cartas, uma de cada vez, de acordo com a seção apropriada para sua pergunta. Agora, distribua as cartas com a face para cima seguindo o diagrama indicado para a disposição.

Se suas cartas saírem de cabeça para baixo, apenas coloque-as na posição certa. Os tarólogos, com longa experiência, já adquiriram o conhecimento necessário para interpretar cartas invertidas, ou de cabeça para baixo. Recomendamos enfaticamente que você use as interpretações do nosso livro como estão escritas e não tente, de modo algum, ler as cartas invertidas de outra maneira.

TERCEIRO PASSO PROCURE O SIGNIFICADO DE CADA UMA DAS CARTAS

Neste passo, você deve procurar o significado das cartas que escolheu e na ordem em que as selecionou.

No *Tarô Instantâneo*, cada uma das 78 cartas do baralho foi interpretada nas 11 posições da tiragem da Cruz Celta. Também usamos várias dessas interpretações para responder às leituras de uma e três cartas.

- ♦ Para interpretar a leitura de uma carta, faça o seguinte: vá até a página 25 e escolha a pergunta que você deseja que seja respondida. Digamos que tenha escolhido a Pergunta B, e tirou o Cavaleiro de Paus. A resposta à pergunta B está na posição número 2, O Que o Cerca. Vá até a página 144 que discute sobre o Cavaleiro de Paus, e encontrará todos os 11 significados das posições relacionados. Encontre a posição 2; ela corresponde à resposta ao tipo de pergunta que você fez.

Fácil, não é? Realmente muito prático!

- ♦ Para interpretar uma leitura de três cartas, use o mesmo método. Procure os significados corretos para cada uma das três cartas, na ordem em que você as tirou. Repare que sua pergunta em uma tiragem de três cartas lidará com trincas: passado, presente e futuro ou mente, corpo e espírito.

♦ Para interpretar a leitura da Cruz Celta, vá primeiro para a página 29 onde é apresentado o diagrama dessa tiragem de 11 cartas. Você vai tirar cartas e as deitará na ordem em que as tirou. Agora, vá até a página onde estão relacionados os significados da primeira carta que você tirou. Leia então a posição número 1 para essa carta. Vá para a página onde estão relacionados os significados da segunda carta que tirou e leia a posição número 2 para essa carta. Faça o mesmo com as nove cartas restantes da sua leitura, certificando-se de que o número da posição que está lendo para cada uma continua a ser o mesmo que o número da posição da carta na sua tiragem da Cruz Celta.

Convém ter em mente um intervalo de tempo específico para o resultado da maioria das leituras do tarô, mas é crucial determinar um intervalo de tempo na sua leitura da Cruz Celta. Quando fizer uma leitura da Cruz Celta, você pegará uma carta que descreve condições as quais você pode esperar encontrar em breve, e uma outra para um futuro mais distante. Se você determinar de quinze dias a um mês, então a última carta da sua leitura da Cruz Celta, a posição 11, O RESULTADO, representa condiçoes que você poderá encontrar dentro de quinze dias a um mês. A carta na posição 7, O QUE ESTÁ DIANTE DE VOCÊ, representará condições que você poderá esperar encontrar dentro de três a seis dias. Se o intervalo de tempo da sua pergunta da Cruz Celta for de três a seis meses, então a posição 11, O RESULTADO, representa condições que você pode esperar dentro de três a seis meses, e a posição 7, O QUE ESTÁ DIANTE DE VOCÊ, representa condições que pode esperar dentro de três a seis semanas (trata-se de resultados dentro de um período de tempo mais curto).

PERGUNTAS DE UMA CARTA

SUGESTÕES DE PERGUNTAS PARA FAZER ÀS CARTAS DO TARÔ

Pergunta A: Sua Resposta:

Diga-me o que eu preciso saber a respeito

(dos acontecimentos de hoje, do meu parceiro, do meu filho, dos meus familiares, da minha reunião, da minha aula, do meu teste etc.)

para meu bem maior.

VOCÊ

para a carta que você escolheu.

Pergunta B: Sua Resposta:

Preciso de uma mensagem a respeito

(das minhas finanças, do meu amigo, de um membro da minha família, do meu parceiro etc.).

O QUE O CERCA

para a carta que você escolheu.

Pergunta C: Sua Resposta:

O que está me impedindo de alcançar minha meta?

O BLOQUEIO

para a carta que você escolheu.

Pergunta D: Sua Resposta:

O que devo ter em mente enquanto tento

(encontrar o amor verdadeiro, conseguir um emprego mais satisfatório, ganhar mais dinheiro, lidar com a rejeição, ter mais tempo livre etc.)?

SUA BASE

para a carta que você escolheu.

Pergunta E:

Sobre qual aspecto da vida preciso refletir hoje?

Sua Resposta:

O QUE O REALIZA

para a carta que você escolheu.

Pergunta F:

Como sou visto pela(s) outra(s) pessoa(s) envolvida(s) na minha situação?

Sua Resposta:

COMO OS OUTROS O CONSIDERAM

para a carta que você escolheu.

Pergunta G:

Qual será o resultado

(das minhas ações, dessa reunião, de um evento etc.)?

Sua Resposta:

O RESULTADO

para a carta que você escolheu.

Exemplo (Pergunta B):

Preciso de uma mensagem a respeito das minhas finanças.

Sua resposta:

O QUE O CERCA

Você escolheu o Nove de Ouros. Consulte a página 261.

PERGUNTAS DE TRÊS CARTAS

SUGESTÕES DE PERGUNTAS PARA FAZER ÀS CARTAS DO TARÔ

Pergunta H:

Quais são as condições passadas, presentes e futuras

(do meu relacionamento com _____ , da minha situação com relação a _____ etc.)?

A primeira carta escolhida representa:

| 5 | O QUE ESTÁ ATRÁS DE VOCÊ (seu **Passado**) *Leia o significado para a posição 5.* |

A segunda carta escolhida representa:

| 2 | O QUE O CERCA (seu **Presente**) *Leia o significado para a posição 2.* |

A terceira carta escolhida representa:

| 7 | O QUE ESTÁ DIANTE DE VOCÊ (seu **Futuro**) *Leia o significado para a posição 7.* |

Pergunta I:

Qual será o efeito

(dessa pessoa, do lugar, da situação etc.)

na minha mente, corpo e espírito?

A primeira carta escolhida representa:

| 4 | SUA BASE (sua **Mente**) *Leia o significado para a posição 4.* |

A segunda carta escolhida representa:

| 7 | O QUE ESTÁ DIANTE DE VOCÊ (seu **Corpo**) *Leia o significado para a posição 7.* |

A terceira carta escolhida representa:

| 6 | O QUE O REALIZA (seu **Espírito**) *Leia o significado para a posição 6.* |

Pergunta J:
Qual *(atitude, crença, lição de vida etc.)* **eu preciso trabalhar mental, física e espiritualmente?**

A primeira carta escolhida representa:
SUAS ESPERANÇAS E MEDOS (**Mental**)
Leia o significado para a posição 10.

A segunda carta escolhida representa:
COMO SE APRESENTAR (**Físico**)
Leia o significado para a posição 8.

A terceira carta escolhida representa:
O QUE O REALIZA (**Espiritual**)
Leia o significado para a posição 6.

Exemplo (Pergunta A):

Quais são as condições passadas, presentes e futuras do meu relacionamento com a minha mãe?

Você tirou estas três cartas:

Suas respostas estão nas seguintes posições:

5	O que Está Atrás de Você	2	O que o Cerca	7	O que Está Diante de Você
Oito de Ouros (p. 259)		Sete de Paus (p. 129)		Dez de Copas (p. 223)	

A CRUZ CELTA

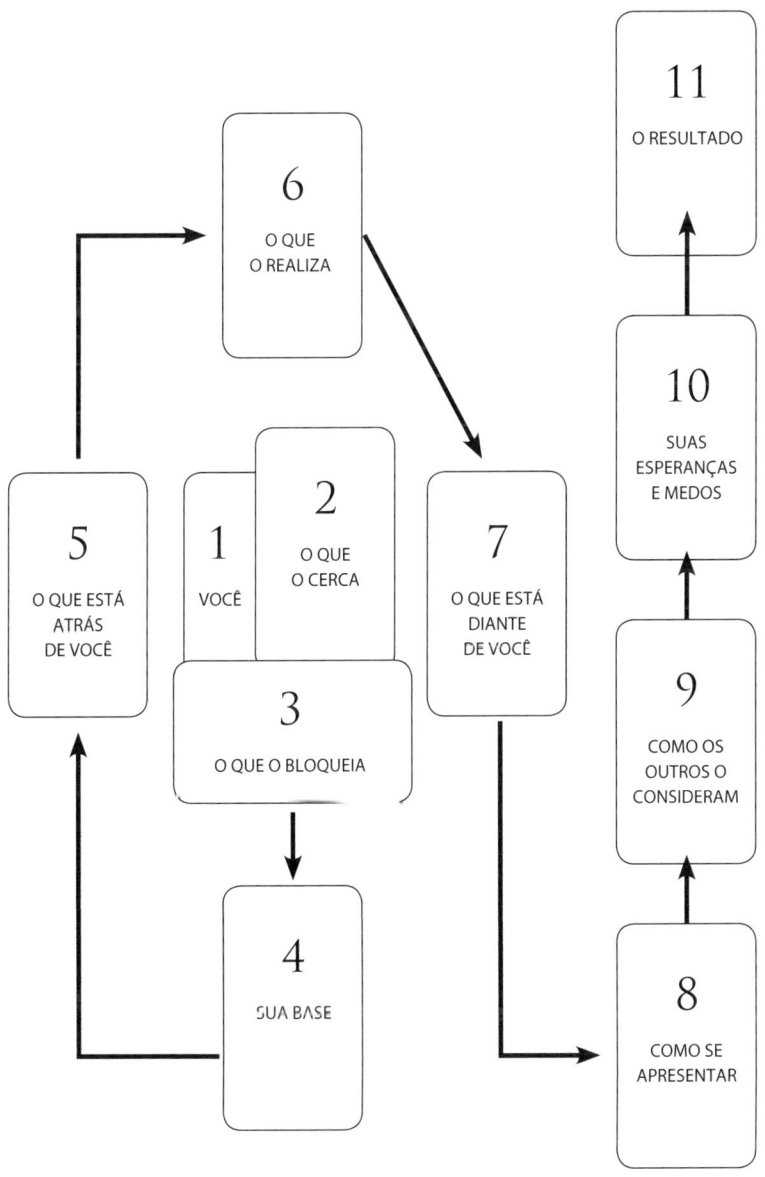

SUGESTÃO DE PERGUNTAS PARA FAZER ÀS CARTAS DO TARÔ

As perguntas que você fará nesta disposição lhe ocorrerão com o tempo e com a prática, à medida que se familiarizar, ficar mais à vontade e em sintonia com as cartas e seus significados. Por ora, sugerimos apenas que peça orientação às cartas. Conforme for usando *Tarô Instantâneo* para interpretar os significados de cada carta, em cada posição, você talvez queira manter um registro das suas perguntas, com anotações sobre os significados das cartas para essa leitura particular.

PERGUNTA:

Dê-me orientação sobre (*meu propósito de vida, meu parceiro, meus filhos, minha vida amorosa, meu trabalho, minha situação financeira, minhas condições de vida, como alcançar minha meta etc.*)
e como as condições vão progredir ao longo das próximas três a seis horas (*próximos dias, próximas semanas ou próximos meses*).

SUA RESPOSTA NAS 11 CARTAS É:

Para a Posição nº 1 da Cruz Celta, leia

> **1** VOCÊ
> Esta posição representa seu lugar na sua situação e o que você precisa para realizar seus desejos mais íntimos relacionados com a pergunta que fez.

Para a Posição nº 2 da Cruz Celta, leia

> **2** O QUE O CERCA
> Esta posição representa as condições que o cercam com relação à pergunta que você fez. Se a resposta que recebeu for harmoniosa, você está em uma atmosfera positiva.

Para a Posição nº 3 da Cruz Celta, leia

O QUE O BLOQUEIA

Esta posição representa um desequilíbrio que poderá impedi-lo de alcançar os resultados indicados nas Posições nº 7 e nº 11 da sua leitura. Ela também pode representar o que o está confundindo.

Para a Posição nº 4 da Cruz Celta, leia

SUA BASE

Esta posição representa uma questão fundamental que pode lhe conferir a força e a segurança necessárias para que você alcance sua meta.

Para a Posição nº 5 da Cruz Celta, leia

O QUE ESTÁ ATRÁS DE VOCÊ

Esta posição representa ações e influências passadas que levaram as coisas a ser como são agora. Também pode representar pessoas, ideias e situações que estão fechando um ciclo na sua vida.

Para a Posição nº 6 da Cruz Celta, leia

O QUE O REALIZA

Esta posição representa a meta espiritual que você deve se esforçar para alcançar a fim de realizar o que deseja. Ela pede um exercício de visualização para ajudá-lo na concretização.

Para a Posição nº 7 da Cruz Celta, leia

O QUE ESTÁ DIANTE DE VOCÊ

Esta posição representa as condições que você pode encontrar em breve, em três a seis horas, dias ou semanas, dependendo do intervalo de tempo que você tiver escolhido.

Para a Posição nº 8 da Cruz Celta, leia

COMO SE APRESENTAR

8	Esta posição representa como você deve se posicionar para alcançar sua meta. Faça isso sabendo que existe o risco de que outras pessoas possam interpretar de forma equivocada suas ações.

Para a Posição nº 9 da Cruz Celta, leia

COMO OS OUTROS O CONSIDERAM

9	Esta posição representa como as pessoas importantes na sua situação o veem em relação à pergunta que você está fazendo. Ela pode ser muito diferente da Posição nº 8.

Para a Posição nº 10 da Cruz Celta, leia

SUAS ESPERANÇAS E MEDOS

10	Esta posição representa um medo arraigado, do qual, talvez, você não tenha consciência. Ela também pode representar as esperanças e medos que você tem em relação à maneira como sua vida poderá mudar se atingir sua meta.

Para a Posição nº 11 da Cruz Celta, leia

O RESULTADO

11	Esta posição representa as condições que você pode esperar encontrar em um futuro um pouco mais distante, dentro de três a seis dias, semanas ou meses, dependendo do intervalo de tempo que tenha escolhido.

EXEMPLO DE UMA LEITURA

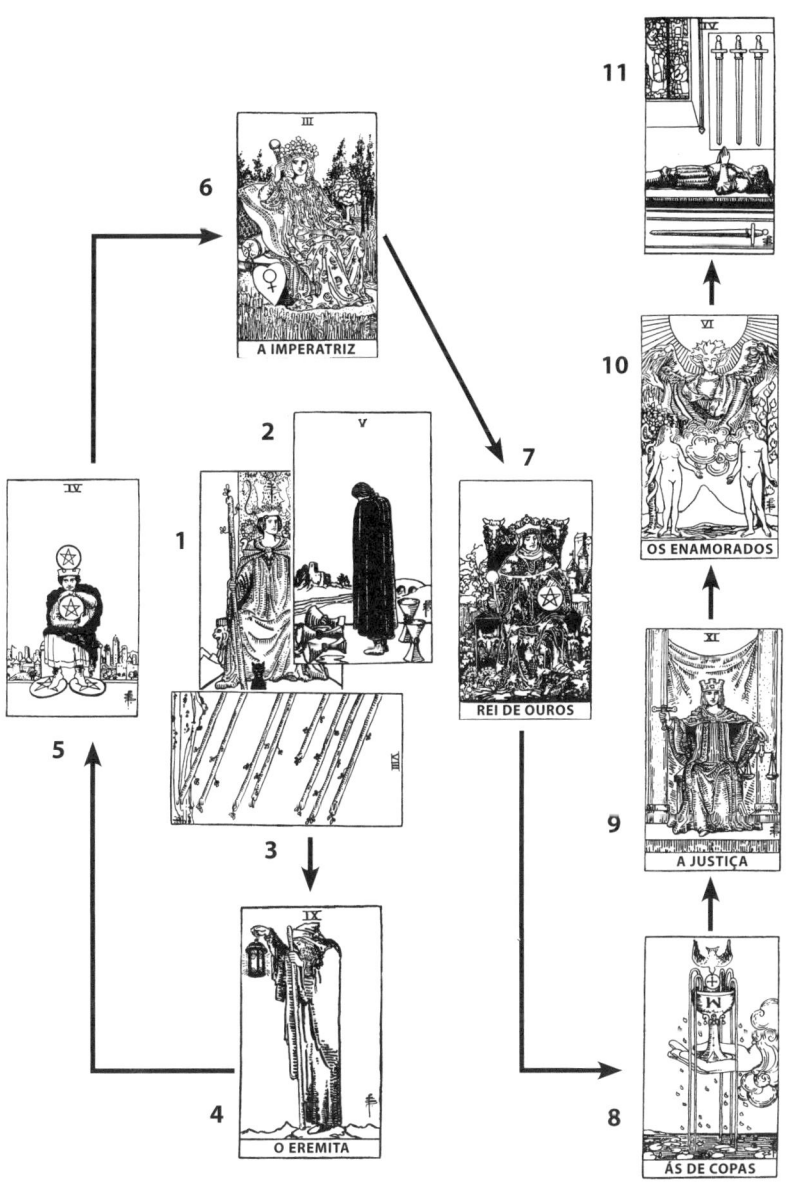

PERGUNTA:

Dê-me orientação a respeito do meu propósito de vida, e sobre como minha condição vai evoluir ao longo das próximas três a seis semanas.

===

MINHA RESPOSTA NAS 11 CARTAS É:

Para a Posição nº 1, a **Rainha de Paus***, leia a página 147*

> **1**

VOCÊ

Você precisa inspirar os outros. Seja uma pessoa carismática e segura de si, que sabe como as coisas têm que ser feitas. Comporte-se com a dignidade da realeza. As festas e outras reuniões serão vantajosas. Encontre um projeto criativo que o ocupe por completo.

Para a Posição nº 2, o **Cinco de Copas***, leia a página 207*

> **2**

O QUE O CERCA

Você está cercado por sentimentos de desapontamento. Pode sentir rejeição ou o desejo de se afastar de alguma coisa. Sentir esse tipo de dor emocional proporciona uma valiosa sabedoria que poderá garantir o sucesso futuro.

Para a Posição nº 3, o **Oito de Paus***, leia a página 133*

> **3**

O QUE O BLOQUEIA

Os problemas de comunicação bloqueiam o progresso. Preste muita atenção. Revelar demais, ou muito pouco é tão ruim quanto revelar uma coisa cedo demais ou tarde demais. A falta de habilidade em deixar claras as intenções, românticas ou de outro tipo, desperdiça tempo. Tome medidas para que os sinais não se cruzem.

*Para a Posição nº 4, o **Eremita**, leia a página 73*

4

SUA BASE

Sua capacidade de evitar os mais diferentes tipos de armadilhas e distrações é crucial para esta situação. Embora os outros possam não entender e criticá-lo por isso, você precisa trilhar seu próprio caminho. Lidar com a introspecção dos mais velhos é fundamental.

*Para a Posição nº 5, o **Quatro de Ouros**, leia a página 247*

5

O QUE ESTÁ ATRÁS DE VOCÊ

No passado, você se agarrou ao que tinha. Talvez tenha administrado e protegido bem suas posses, mas seu egoísmo poderá voltar agora para assediá-lo. Coloque as coisas na perspectiva adequada. A influência de um executivo pode estar chegando ao fim.

*Para a Posição nº 6, a **Imperatriz**, leia a página 55*

6

O QUE O REALIZA

Seria proveitoso ter as bênçãos de uma figura materna, protetora e incondicionalmente amorosa. Visualize-a dando a você uma vida de amor, paz, segurança, beleza e criatividade. Permita-se sentir envolvido por esses sentimentos.

*Para a Posição nº 7, o **Rei de Ouros**, leia a página 277*

7

O QUE ESTÁ DIANTE DE VOCÊ

Você encontrará em breve uma pessoa que sabe como ser pragmática e fazer política, ou terá que agir como uma. Deixe-se guiar pelos seus instintos. Você poderá ser ajudado por um negociante rico e objetivo, e aprender como se tornar uma pessoa com essas características.

*Para a Posição nº 8, o **Ás de Copas**, leia a página 197*

| 8 | **COMO SE APRESENTAR**

Apresente-se como alguém que sabe como dar e receber amor de maneira incondicional. Deixe-se invadir pela alegria da vida, purificando suas emoções e enchendo-o de compaixão. Todos amam aquele que ama.

*Para a Posição nº 9, a **Justiça**, leia a página 80*

| 9 | **COMO OS OUTROS O CONSIDERAM**

Os sábios o veem como alguém justo, imparcial, empenhado em encontrar a verdade e a justiça, e como alguém capaz de fazer concessões desde que todos sejam tratados com igualdade. Os ignorantes podem achar que você é uma pessoa "certinha demais". Você é visto por muitos como uma pessoa de bom gosto e discernimento.

*Para a Posição nº 10, os **Enamorados**, leia a página 65*

 SUAS ESPERANÇAS E MEDOS

Você acha que está insatisfeito com a maneira como as coisas são e espera tomar as decisões certas para mudar isso, mas receia perder as partes boas do que tem. Você pode temer as emoções de um romance.

*Para a Posição nº 11, o **Quatro de Espadas**, leia a página 164*

| 11 | **O RESULTADO**

Você constatará o valor da reclusão, do desapego e de um afastamento estratégico como métodos para alcançar coisas notáveis. Evitará a dor, o conflito e as distrações, e reduzirá seu estresse e sua ansiedade. Olhe para dentro de si e recarregue-se.

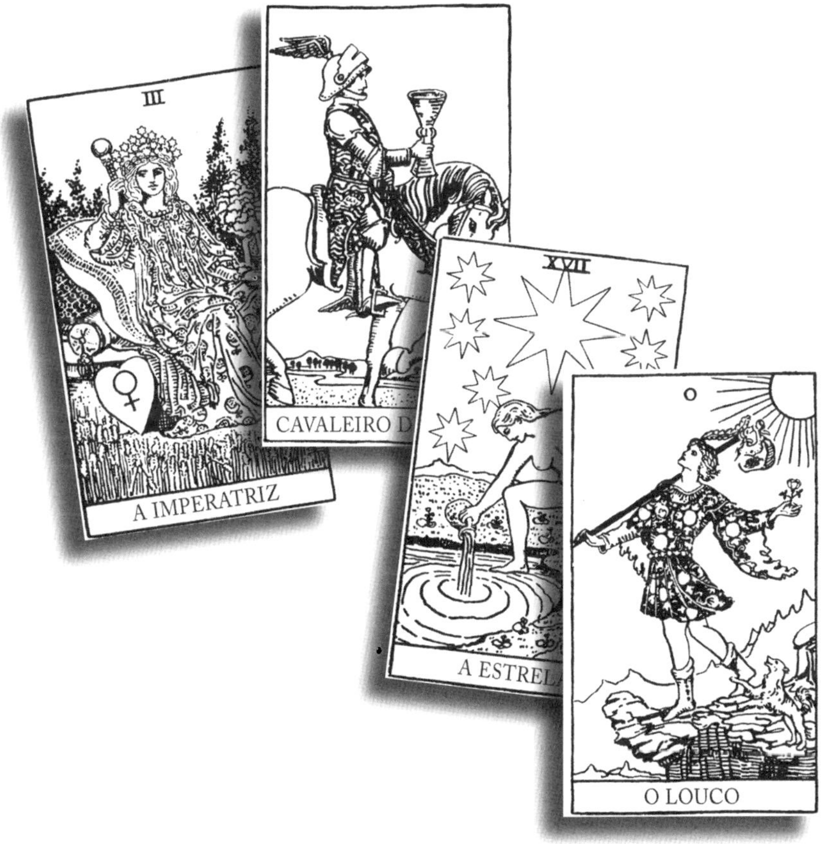
III
A IMPERATRIZ
CAVALEIRO D
XVII
A ESTRELA
O
O LOUCO

PERGUNTAS FREQUENTES SOBRE A LEITURA DO TARÔ

Desenvolvemos o *Tarô Instantâneo* para fornecer respostas rápidas e fáceis para a maioria das perguntas mais comuns. No entanto, assim como todos os caminhos que conduzem ao crescimento, ao poder pessoal e ao autoconhecimento, o tarô, muitas vezes, suscita mais perguntas do que respostas à medida que mergulhamos nos seus mistérios. Eis as perguntas que ouvimos com mais frequência durante nossos numerosos anos de prática profissional.

Como o tarô "funciona", já que ele parece responder tão diretamente às perguntas?

A explicação mais aproximada sobre o "funcionamento" do tarô é uma antiga teoria defendida por muitos povos no mundo inteiro e redescoberta no século XX pelo célebre psiquiatra, psicoterapeuta e fundador da psicologia analítica, doutor Carl Jung. Sua teoria da sincronicidade (do grego *syn*, que significa "junto", e *chronos*, que significa "tempo") sugeria que eventos que aconteciam ao mesmo tempo tinham uma relação de significância.

Em outras palavras, quando você faz sua pergunta com sinceridade e pretende obter uma resposta, provavelmente, *receberá* uma resposta de várias maneiras. Tudo depende da sua competência em decifrar os eventos à sua volta quando faz a pergunta. Um bando de pássaros, uma formação de nuvens ou o padrão que o vento forma nas árvores podem conter uma resposta.

O tarô é uma espécie de mecanismo sagrado concebido para responder à sua pergunta e congelar sua resposta como uma imagem no tempo para que você possa decifrá-la. O truque é saber como decifrar significados nas cartas do tarô, e é precisamente isso que Amy e eu fizemos para você neste livro.

E se eu não gostar da resposta que eu receber?

Quando isso acontecer, é importante olhar dentro de si mesmo e verificar o porquê de estar perturbado com a resposta que recebeu. Você acha que não seria capaz de lidar com as coisas se elas acontecessem da maneira como as cartas estão sugerindo? Tem confiança suficiente em si mesmo para acreditar que pode lidar com um vasto leque de experiências? Se não tem, por que não? Dispor do tarô para entrar em contato com seus sentimentos é uma das aplicações mais importantes dele.

A coisa mais maravilhosa a respeito do tarô é que se você receber uma resposta desfavorável, pode pedir orientação sobre como mudar as coisas para melhor. Para isso, você pode fazer as perguntas A, B, C, D, E, e J usando as tiragens de uma ou de três cartas, ou usar a Cruz Celta, formulando sua pergunta para que seja orientado sobre como mudar as coisas para que elas estejam de acordo com as suas preferências.

E se eu não tiver certeza sobre o significado da resposta?

A grande maioria das respostas que você receberá usando *Tarô Instantâneo* dará a impressão de que as cartas que escolheu no baralho estão interagindo diretamente com sua pergunta. No entanto, haverá ocasiões em que você receberá uma resposta que talvez não pareça estar relacionada especificamente com a sua pergunta. Esses são os melhores momentos para desenvolver sua intuição e capacidade de tomar decisões.

Deixe que sua mente faça a "livre associação". Esse termo descreve a maneira poderosa como a mente consciente se comunica com o Eu Superior, a fonte da voz interior. Ela faz isso usando símbolos, a linguagem da mente subconsciente e dos sonhos. Sua primeira impressão ao ver a(s) imagem(ns) da(s) carta(s) que escolheu pode inspirar sua imaginação a enxergar uma série adicional de imagens conectadas com o seu Eu Superior e comandadas por ele. Você poderá vivenciar um lampejo de intuição revelando o que estava oculto um momento antes. No tarô, por exemplo, a Sacerdotisa é a carta que simboliza esse processo.

Se ainda assim você não entender a mensagem das cartas, pegue a carta da Sacerdotisa e olhe para ela por um instante. Acredite que ela irá guiá-lo quando colocá-la de volta no baralho. Embaralhe enquanto solicita um esclarecimento do significado da leitura que o está intrigando. Em seguida, escolha uma carta e vá para a página que descreve o significado dela. Leia a posição 1. VOCÊ, e descubra o que precisa saber.

Qual é a origem do tarô?

Há uma antiga piada a respeito de todos os tipos de estudiosos: coloque dois deles em uma sala e você obterá três opiniões. A origem do tarô, e até mesmo seu propósito, é um assunto sobre o qual nem os estudiosos mais eruditos conseguiram chegar a um consenso. Alguns dizem que ele começou com a reprodução de imagens de vários deuses e deusas – em papiros –, que eram usadas para ensinar seus atributos divinos aos que não sabiam ler; posteriormente, essas "cartas" com imagens foram levadas para a Europa por viajantes vindos do Oriente. Esses viajantes chegaram em uma época em que tudo o que era egípcio estava na última moda, e recém-chegados consideraram vantajoso ser reconhecidos como *gyptees*. Seus descendentes são os *gypsies* (os ciganos que conhecemos).

Essa teoria pode ser a responsável pelo fato de muitas pessoas acreditarem que o tarô se originou no Egito. No entanto, há aqueles que afirmam que o tarô se originou no século X, na China, havendo também defensores de origens hebraicas, islâmicas e indianas para o tarô. Uma coisa parece certa: o baralho de cartas do tarô mais antigo e mais completo data do início do século XV, e consta que foi produzido para o duque de Milão.

Até mesmo a origem da palavra "tarô" provoca debates. Os defensores do Egito dizem que ela deriva das palavras *tar* e *ro*, que significa "Caminho Real". Os defensores da Índia lembram a todas as pessoas que a palavra *taru* significa "cartas" em hindu, e que Tara é o nome ariano da Grande Mãe. Aqueles que votam a favor do tarô ser produto da cultura hebraica apontam para a palavra *Torah*, o nome dos primeiros cinco livros da Bíblia. No entanto, lembre-se de que uma das regiões em que as cartas apareceram pela primeira vez foi Milão, no norte da Itália, onde há um rio chamado Taro.

Muitos acreditam que é provável que os primeiros baralhos tenham sido usados tanto como um jogo de cartas quanto como arte divinatória. Essa crença provavelmente encerra mais do que uma pequena verdade. Há uma palavra francesa, *tares,* que é usada para descrever a pequena margem pontilhada nas cartas de jogar.

O tarô avançou bastante no século XX. A sabedoria das cartas foi um alvo irresistível para os grandes artistas, quando deixaram de temer a perseguição e o ridículo. O tarô atraía tanto artistas famosos, como o surrealista Salvador Dalí, quanto aqueles que, na época, não eram tão conhecidos, como Pamela Colman Smith. Sob o olhar vigilante de Arthur Edward Waite, Pamela Colman Smith criou as ilustrações para o que hoje conhecemos como o baralho Rider-Waite, o baralho de tarô mais famoso do século XX. Estamos muito orgulhosos de contribuir com nosso próprio baralho, *Enchanted Tarot* [O Tarô Encantado], à notável tradição das releituras artísticas do tarô. As colagens com tecido, especialidade da Amy, premiadas pelo NEA,* conferem um estilo artístico exclusivo às numerosas interpretações do tarô, combinando a essência da fantasia, da arte requintada e da sabedoria espiritual.

Qual é a diferença entre os Arcanos Maiores e os Arcanos Menores?

O tarô pode ter começado como dois baralhos separados: um voltado para a espiritualidade, cujo propósito era a orientação espiritual e arte divinatória (Arcanos Maiores), e o baralho usado nos jogos de azar (Arcanos Menores).

Os Arcanos Maiores são as 22 primeiras cartas do tarô, que começam com o número 0, O Louco, e chegam até o número 21, O Mundo. Essas cartas representam o "oculto" ou princípios espirituais secretos da vida.

---

* O National Endowment for the Arts (NEA) é uma agência norte-americana federal e independente que financia, promove e fortalece a capacidade criativa das comunidades, proporcionando a todos os americanos diversas oportunidades de participar das artes.

Todos iniciamos a jornada como O Louco, inocente e suspenso no limiar de um grande ciclo de crescimento e experiências, chegando, com o tempo, ao Mundo, nossa graduação e o ápice de um importante período da nossa vida. Entre essas duas cartas, estão os 20 outros estágios importantes de crescimento e aprendizado. Uma vez que tenhamos passado por todos eles (e tenhamos feito o que é conhecido no tarô como "a Jornada do Louco"), estamos prontos para recomeçar a busca por experiências e autoconhecimento.

Os Arcanos Menores são a origem do baralho de cartas moderno. O baralho de cartas para entretenimento tem quatro naipes – Paus, Espadas, Copas e Ouros – que são os descendentes dos quatro naipes tradicionais do tarô. O Curinga nos baralhos de cartas comuns é um descendente da carta O Louco do tarô.

As cartas dos Arcanos Menores dizem mais respeito à nossa realidade terrena do dia a dia como seres humanos do que às realidades espirituais. Os Arcanos Menores nos ajudam a trazer a sabedoria espiritual dos Arcanos Maiores para os aspectos práticos da vida, de modo que seja possível usá-la para nosso benefício em todos os níveis.

Posso fazer uma leitura de tarô para outra pessoa?

Fazer leituras de tarô para os amigos é muito agradável. No entanto, em geral é melhor fazer leituras apenas para nós mesmos quando estamos começando a aprender. *Tarô Instantâneo* foi desenvolvido para que você possa aprender rapidamente. Logo se sentirá confiante o bastante para tentar fazer uma leitura para outra pessoa. Quando fizer isso, é melhor começar com um amigo de confiança que, de preferência, tenha a mente aberta. Até lá, leia e lembre-se da resposta à próxima Pergunta Frequente...

Posso fazer uma leitura de tarô para uma pessoa que não esteja presente?

Espere até se sentir à vontade com as técnicas do *Tarô Instantâneo* antes de tentar fazer uma pergunta para alguém que não esteja com você na ocasião da leitura. Lembre-se de que a maioria das pessoas não entende o que realmente é o tarô – uma ferramenta para tomada de decisões – e não tem as informações sobre a leitura das cartas, que constam neste livro. Certifique-se de que a pessoa saiba o que o tarô realmente é antes de tentar realizar uma leitura para ela. As leituras do tarô são poderosas e precisam ser feitas da maneira que indicamos neste livro. É muito fácil induzir ao erro ou assustar os não iniciados se este conselho for desprezado.

Qualquer pessoa para quem você faça uma leitura, quer ela esteja presente, quer não, precisa ser informada de que as respostas que ela receber são apenas indicações da maneira como as coisas *poderão* acontecer. Ela precisa entender que o livre-arbítrio é mais poderoso do que qualquer leitura do tarô. Nenhuma leitura é tão boa a ponto de não poder ser invalidada se a pessoa deixar de fazer o que é certo. Por outro lado, nenhuma leitura é tão ruim a ponto de não poder ser invalidada se a pessoa mudar de rumo e fizer o que é certo. O tarô é uma ferramenta muito poderosa, mas não é mais poderosa do que o ser humano que está fazendo as perguntas. Apenas nós somos responsáveis pelas nossas ações.

Se você se lembrar, e conseguir transmitir isso àqueles para quem deseja fazer uma leitura, tenha certeza de que as leituras que fizer ajudarão a guiar os outros. Você será capaz de apreciar muito o aprendizado sobre os vários aspectos da vida.

Fazer leituras para outras pessoas é uma tremenda responsabilidade, mas Amy e eu gostamos ainda mais delas do que de ler para nós mesmos, o que fazemos todos os dias. Queremos agradecer por nos dar a chance de compartilhar a preciosa dádiva do tarô com você, uma dádiva que possibilitou que fizéssemos da nossa vida uma obra de arte e da nossa arte uma obra de vida.

O LOUCO

A CONFIANÇA

VOCÊ

Você precisa acreditar que é um ser espiritual dentro de um corpo físico para desfrutar a vida e expandir sua experiência. Arrisque-se e veja o que acontece. Seja tão aberto quanto uma criança. Corra o risco de parecer um pouco tolo, ingênuo e otimista. O senso de humor é fundamental.

POSIÇÃO 1

O QUE O CERCA

Você está cercado por forças que requerem e apoiam a confiança, a inocência e a aventura. Concentre-se no momento presente com leveza. Decida o que significa a espiritualidade. Uma pessoa impulsiva poderá ajudar ou precisar de ajuda.

POSIÇÃO 2

POSIÇÃO 3 — O QUE O BLOQUEIA

A confiança, ou a falta dela, bloqueia o progresso. O excesso de confiança, ou a confiança colocada nos lugares errados, garante o desastre. A falta de confiança afasta os possíveis aliados e priva seu espírito da determinação. Agir de uma maneira insensata, ingênua ou temerária desperdiça tempo.

POSIÇÃO 4 — SUA BASE

É crucial para essa situação acreditar que a inocência, a confiança e verdade triunfarão. O senso de humor também é crucial. Não analise em excesso e nem procure significados ocultos. Equilibre a inocência da juventude com a sabedoria dos anos.

POSIÇÃO 5 — O QUE ESTÁ ATRÁS DE VOCÊ

A época da inocência, da insensatez ou da ingenuidade já passou, mas ela trouxe as situações para onde estão agora. Você tem muita consciência dos fatos para se fazer de desentendido ou desconsiderar a realidade. A confiança precisa ser conquistada. Não olhe para trás.

POSIÇÃO 6 — O QUE O REALIZA

Seria proveitoso confiar e se envolver em uma aventura divertida, abandonando todas as responsabilidades. Visualize-se como um ser espiritual, uma criança que descende de forças mundanas e divinas que o guiam e o protegem do mal.

POSIÇÃO 7 — O QUE ESTÁ DIANTE DE VOCÊ

Você logo encontrará uma pessoa que sabe como confiar e inspirar confiança, ou terá que agir como uma. Terá início um novo ciclo importante. Olhe para cada evento como se fosse pela primeira vez. Aprecie-o e aprenda com ele. Aceite as coisas como elas são.

COMO SE APRESENTAR

Apresente-se tão confiante e inocente quanto um recém-nascido. Não tenha medo. Olhe para a situação como se fosse pela primeira vez. Exiba seu senso de humor e insista com os outros para que não se levem tão a sério.

POSIÇÃO 8

COMO OS OUTROS O VEEM

Os outros o consideram uma pessoa crédula, brincalhona e inocente que parece não se preocupar com as consequências das suas ações. Você aceita as coisas como elas são. Para alguns, você parece destemido. Para outros, parece vulnerável ou tolamente ingênuo.

POSIÇÃO 9

SUAS ESPERANÇAS E MEDOS

Você tem esperança de ficar livre das responsabilidades, preocupações e afazeres do cotidiano, mas tem medo de que possa fazer alguma bobagem e arruinar tudo o que aconteceu antes. Pode ter medo de uma pessoa insensata, ou temer por ela.

POSIÇÃO 10

O RESULTADO

Você encontrará uma pessoa que sabe como confiar e inspirar confiança, ou terá que agir como uma. Terá início um novo ciclo importante. Olhe para cada evento como se fosse pela primeira vez. Aprecie-o e aprenda com ele. Aceite as coisas como elas são.

POSIÇÃO 11

OS ARCANOS

O MAGO

A ENERGIA

POSIÇÃO 1

VOCÊ

Você precisa cuidar pessoalmente de tudo para transformar seus desejos em realidade. Conecte-se com a energia infinita do universo por meio da visualização. Liste seus recursos. Use-os para manifestar o controle criativo que está buscando.

POSIÇÃO 2

O QUE O CERCA

Você está cercado por uma atmosfera muito estimulante, controlada por forças maiores do que você. Essas consideráveis energias podem ajudá-lo se você reconhecer o poder delas.

O QUE O BLOQUEIA

Seu progresso está bloqueado pela obstinação, por recusar um auxílio necessário ou pela incapacidade de usar seu poder para fazer as coisas acontecerem da maneira como quer que elas aconteçam. Depender da magia quando a lógica e o trabalho árduo são necessários desperdiça tempo. Recusar-se a enxergar a magia na vida é igualmente contraproducente.

POSIÇÃO 3

SUA BASE

Sua capacidade de identificar e usar todos os recursos à sua disposição para fazer as coisas acontecerem do seu jeito é crucial para essa situação. Conecte-se com a energia infinita do universo por meio da visualização. Reconheça a fonte do seu poder e das suas dádivas.

POSIÇÃO 4

O QUE ESTÁ ATRÁS DE VOCÊ

Um momento de grande realização está passando. A energia e o talento foram demonstrados e a "magia" foi feita. É possível usar e aproveitar as lições desse momento para acelerar o progresso.

POSIÇÃO 5

O QUE O REALIZA

Seria proveitoso concentrar sua energia para realizar suas metas. Visualize sete centros de energia se estendendo da base da sua coluna vertebral até o alto da sua cabeça. Veja-os e sinta-os atraindo a energia infinita do universo.

POSIÇÃO 6

O QUE ESTÁ DIANTE DE VOCÊ

Você logo exercerá um controle criativo para fazer as coisas acontecerem do seu jeito. Poderá descobrir a energia e os recursos secretos que o ajudam a resolver favoravelmente sua situação. Poderá aprender o poder da visualização, o que o ajudará a manifestar seus sonhos.

POSIÇÃO 7

POSIÇÃO 8 — COMO SE APRESENTAR

Apresente-se como se soubesse usar sua energia e recursos para fazer as coisas acontecerem do seu jeito, como em um passe de mágica. Se não puder atuar como líder, o melhor é agir sozinho. Use o poder da visualização.

POSIÇÃO 9 — COMO OS OUTROS O CONSIDERAM

Os outros apreciam sua energia, inteligência, capacidade e habilidade de produzir resultados, como em um passe de mágica. Aqueles que desejam que as coisas permaneçam como estão, e se esforçam para manter o controle, podem resistir ao seu empenho em fazer as coisas do seu jeito.

POSIÇÃO 10 — SUAS ESPERANÇAS E MEDOS

Você espera ser sagaz e habilidoso o bastante para transformar sua situação no que deseja que ela seja, mas receia não ser capaz de fazer isso. Talvez tenha medo do seu poder ou tenha se esquecido de que você cria em uníssono com o universo.

POSIÇÃO 11 — O RESULTADO

Você exercerá um controle criativo para fazer as coisas acontecerem do seu jeito. Poderá descobrir a energia e os recursos secretos que o ajudam a resolver favoravelmente sua situação. Talvez aprenda o poder da visualização, o que o ajudará a manifestar seus sonhos.

A SACERDOTISA
A INTUIÇÃO

VOCÊ

Você precisa se tornar mais desperto, receptivo, intuitivo e até mesmo sensitivo. Para fazer isso, saiba que precisa tirar seu ego do caminho e deixar que as forças de um poder superior atuem através de você. Aprenda a deixar o caos trabalhar a seu favor.

POSIÇÃO 1

O QUE O CERCA

Você está cercado pelo mistério. Forças poderosas lhe mostram o que está acontecendo debaixo da superfície. Segredos são revelados. Deixe que a intuição revele significados atrás das palavras e ações. Aprenda como o caos pode beneficiá-lo.

POSIÇÃO 2

POSIÇÃO 3 — O QUE O BLOQUEIA

Forças misteriosas bloqueiam o progresso. Você pode estar passivo demais ou confiando muito na intuição e na prece quando são necessários mais lógica e trabalho árduo para a realização. Ou você pode estar negando que a intuição é tão importante quanto a mente racional. Uma pessoa discreta pode ser o problema.

POSIÇÃO 4 — SUA BASE

Sua disposição de confiar na intuição e nas outras forças invisíveis que afetam sua vida é crucial nesta situação. Um grande poder é obtido escutando os outros e a sua própria voz interior. Uma pessoa intuitiva ou sensitiva pode ser de grande ajuda.

POSIÇÃO 5 — O QUE ESTÁ ATRÁS DE VOCÊ

A espiritualidade e o conhecimento de forças invisíveis que o afetam – ou a ausência deles – levaram as coisas a ser como são. O período do caos ou da aceitação passiva terminou. A influência de uma pessoa intuitiva pode estar chegando ao fim.

POSIÇÃO 6 — O QUE O REALIZA

Seria proveitoso alcançar sua meta por meio do poder da sua intuição. Visualize sua situação se resolvendo facilmente, como se guiada por forças invisíveis e positivas. Sinta que essas forças são reais.

POSIÇÃO 7 — O QUE ESTÁ DIANTE DE VOCÊ

Você logo alcançará um novo nível de consciência espiritual que possibilitará a percepção do poder da sua intuição. Poder esse que ajuda as coisas acontecerem da maneira como deveriam, para seu bem maior e sua felicidade. Uma pessoa intuitiva ou sensitiva poderá ser importante.

COMO SE APRESENTAR

Apresente-se como alguém que tem consideração pelos sentimentos dos outros e respeita as informações intuitivas e a Teoria do Caos. Seja calmo e receptivo. Mostre que, às vezes, a intuição precisa prevalecer sobre a lógica.

POSIÇÃO 8

COMO OS OUTROS O CONSIDERAM

Os outros o consideram uma pessoa intuitiva e espiritualizada. Alguns pensam que você é misterioso e poderoso porque parece conectado a forças muito maiores do que as suas. O caos não parece afetar você da maneira como afeta as outras pessoas.

POSIÇÃO 9

SUAS ESPERANÇAS E MEDOS

Você espera poder seguir sua intuição, mas receia não conseguir fazer isso. A não ser que teste sua capacidade de conduzir sua vida, não poderá se tornar mais intuitivo ou espiritualizado. Talvez tenha receio de que o caos o domine.

POSIÇÃO 10

O RESULTADO

Você alcançará um novo nível de consciência espiritual que possibilitará a percepção do poder da sua intuição. Um poder que ajuda as coisas acontecerem da maneira como deveriam, para seu bem maior e sua felicidade. Uma pessoa intuitiva ou sensitiva poderá ser importante.

POSIÇÃO 11

A IMPERATRIZ
A CRIATIVIDADE

POSIÇÃO 1

VOCÊ

Você precisa dar vida a algo que nunca existiu. Para fazer isso, recorra ao seu potencial criativo. Seja tão delicado consigo mesmo e com sua nova criação como seria com um bebê. Desfrute as riquezas da natureza.

POSIÇÃO 2

O QUE O CERCA

Você está cercado pelo potencial de desfrutar a abundância, as belezas e as alegrias do mundo. A criatividade é inestimável agora. Algo novo está nascendo. Este é um momento fértil. Uma pessoa criativa poderá ser de grande ajuda.

POSIÇÃO 3

O QUE O BLOQUEIA

A sensualidade, ou a ausência dela, bloqueia o progresso. É preciso que haja um foco equilibrado na beleza e nos prazeres do mundo. Sua criatividade precisa encontrar uma expressão adequada. Idealizar relacionamentos ou o fluxo natural das coisas pode ser um problema.

SUA BASE

Sua capacidade de criar algo que nunca existiu antes é crucial para esta situação. Deixe que a beleza abundante da natureza o inspire e lhe mostre como tornar todos os seus sonhos realidade. Uma pessoa protetora e criativa poderá ser importante.

O QUE ESTÁ ATRÁS DE VOCÊ

Sua capacidade de responder criativamente aos desafios da vida no passado o trouxe aonde você está agora. Sua situação foi criada por você. A influência de uma pessoa maternal ou criativa pode estar se tornando mais fraca.

O QUE O REALIZA

Seria proveitoso ter as bênçãos de uma figura materna protetora e incondicionalmente amorosa. Visualize-a dando a você uma vida de amor, paz, segurança, beleza e criatividade. Permita-se se sentir envolvido por esses sentimentos.

O QUE ESTÁ DIANTE DE VOCÊ

Você logo viverá um período de grande criatividade ou produtividade que o ajudará a tornar seu sonho realidade. A ajuda está próxima, possivelmente por meio de uma pessoa protetora, criativa e talentosa.

COMO SE APRESENTAR

Apresente-se como uma pessoa criativa. Mostre que você quer dar vida a algo que nunca existiu. Demonstre a capacidade de resolver problemas ao mesmo tempo que mantém em mente os interesses de todos. Seja protetor, dedicado e amoroso.

POSIÇÃO 9 — COMO OS OUTROS O CONSIDERAM

Os outros o consideram uma pessoa criativa. Você parece protetor, dedicado e pronto para criar um novo e importante conceito. Seu amor pela natureza é tão grande que as forças naturais parecem apoiar seu empenho. Muitos o veem como um artista.

POSIÇÃO 10 — SUAS ESPERANÇAS E MEDOS

Você anseia pela abundância, mas teme que ela não aconteça naturalmente. Pode ter receio de iniciar um novo projeto. Pode temer uma má reação à sua estabilidade. Você pode ter medo de uma pessoa criativa, ou ter medo por ela.

POSIÇÃO 11 — O RESULTADO

Seus esforços criativos serão reconhecidos e darão frutos. Você poderá conhecer e desfrutar do paraíso na Terra. A ajuda está próxima, possivelmente por meio de uma pessoa protetora, criativa e talentosa. Você mesmo poderá se tornar alguém assim.

O IMPERADOR
A REALIZAÇÃO

VOCÊ

Você precisa ser reconhecido como uma figura forte e majestosa, de inquestionável êxito pessoal e autoridade. Concentre completamente a atenção na sua meta. Você não deve revelar seus verdadeiros planos, sentimentos ou fraquezas. O prestígio é fundamental.

POSIÇÃO 1

O QUE O CERCA

Você está cercado por planos ambiciosos e pelo potencial de obter poder sobre os outros. Está estreitamente ligado a uma figura de autoridade, para o bem ou para o mal. A lógica triunfa sobre a emoção. O prestígio e a realização são fundamentais agora.

POSIÇÃO 2

POSIÇÃO 3 — O QUE O BLOQUEIA

A realização, ou a ausência dela, bloqueia o progresso. Você talvez não tenha as credenciais adequadas ou o respeito. Ou, então, está se valendo da lógica, da influência ou do poder quando a humildade seria mais indicada. Uma figura de autoridade pode ser o problema.

POSIÇÃO 4 — SUA BASE

Sua atitude diante do poder, da autoridade, da ambição e da autoestima é crucial para sua situação. A questão das credenciais adequadas e dos sinais externos de realização entrará em jogo. Uma figura de autoridade pode ser importante.

POSIÇÃO 5 — O QUE ESTÁ ATRÁS DE VOCÊ

Um encontro anterior com os deveres e as responsabilidades de uma pessoa com poder e autoridade trouxe as coisas para onde elas se encontram agora. Deixe que os sucessos passados o fortaleça agora. O poder de uma figura de autoridade está chegando ao fim.

POSIÇÃO 6 — O QUE O REALIZA

Seria proveitoso alcançar a posição de uma figura de autoridade. Visualize alguém que você respeita ajudando-o a aumentar seu poder e sua posição, e também a alcançar sua meta. Adapte os métodos dessa pessoa à sua situação.

POSIÇÃO 7 — O QUE ESTÁ DIANTE DE VOCÊ

Seu poder ou sua posição logo vão melhorar de maneira significativa, possivelmente com a ajuda de uma figura consagrada. Poderá reunir os recursos para fazer grandes realizações. Talvez seja reconhecido como um líder.

COMO SE APRESENTAR

Apresente-se como um líder de líderes. Imponha-se e assuma o controle. Seja calmo e ponderado para adquirir a confiança de todos os envolvidos. Mostre o que sabe, não o que sente. Tome providências para que as realizações passadas sejam reconhecidas.

POSIÇÃO 8

COMO OS OUTROS O CONSIDERAM

As pessoas que valorizam a realização o veem como um líder carismático, um pioneiro cuja inovação e dedicação produziu algo de grande valor. Outros o veem como sendo frio e disposto a fazer qualquer coisa para obter poder e prestígio.

POSIÇÃO 9

SUAS ESPERANÇAS E MEDOS

Você espera ser uma figura de autoridade respeitada, mas teme assumir o controle e aceitar as responsabilidades que acompanham essa função. Problemas com seu pai podem ser o motivo. Você pode ter medo de uma figura de autoridade, ou ter medo por ela.

POSIÇÃO 10

O RESULTADO

O poder ou o prestígio vão melhorar de maneira significativa, possivelmente com a ajuda de uma figura consagrada. Poderá reunir os recursos para fazer grandes realizações. Talvez seja reconhecido como um líder.

POSIÇÃO 11

O HIEROFANTE

A TRADIÇÃO

VOCÊ

Você precisa ser um professor que transmite a sabedoria ancestral. Para fazer isso, aja com segurança, serenidade e tolerância enquanto aprende e ensina técnicas e tradições comprovadas. A prática espiritual requer estudo.

POSIÇÃO 1

O QUE O CERCA

As energias à sua volta são solidárias, mas para tirar o melhor proveito delas você precisa mostrar o valor de procedimentos, regras e tradições consagrados, e tentar trabalhar dentro do sistema. Os modelos culturais ou religiosos são importantes.

POSIÇÃO 2

O QUE O BLOQUEIA

A tradição, ou a falta dela, bloqueia o progresso. A tradição, o ritual e a formalidade podem ser usados, mas você não deve abusar deles. A falta da tradição conduz à decadência moral. Pode ser difícil seguir um modelo cultural ou religioso, ou, talvez, segui-lo pode causar outros problemas.

SUA BASE

Sua atitude diante das regras, ensinamentos e técnicas estabelecidos é crucial para esta situação. Uma base sólida amparada em princípios morais pode ajudá-lo a enfrentar tempos turbulentos. Um modelo religioso ou cultural pode ser importante.

O QUE ESTÁ ATRÁS DE VOCÊ

A formação educacional, ensinamentos e estereótipos culturais e religiosos, ou a repressão da expressão individual trouxe as coisas aonde estão agora. É preciso reconhecer e lidar com essas influências.

O QUE O REALIZA

Seria proveitoso receber as bênçãos e a aprovação dos seus familiares e da sociedade. Visualize-os aprovando e apoiando suas iniciativas enquanto compreendem as maneiras pelas quais suas ações se encaixarão nas convenções culturais.

O QUE ESTÁ DIANTE DE VOCÊ

Em breve você oferecerá conselho, consolo ou apoio, ou essas coisas lhe serão oferecidas por alguém muito sábio para a idade que tem. Poderá se encontrar com alguma pessoa ou com algo cujo valor você só veio a conhecer depois que perdeu. Você poderá vir a conhecer o poder de um modelo cultural ou religioso, ou, de alguma maneira, se tornar um modelo assim.

POSIÇÃO 8 — COMO SE APRESENTAR

Apresente-se como um praticante dedicado e disciplinado com técnicas comprovadas e defensor de ensinamentos tradicionais. Aja de acordo com as regras. Não tenha medo de dar as ordens. Seja um modelo de convenções culturais e religiosas.

POSIÇÃO 9 — COMO OS OUTROS O CONSIDERAM

Aqueles que valorizam a estabilidade, a tradição e a moralidade o veem como alguém muito sábio para a idade que tem – firme, sereno e tolerante. Outros poderão vê-lo como muito dogmático e representante de um estilo de vida obsoleto.

POSIÇÃO 10 — SUAS ESPERANÇAS E MEDOS

Você espera unir forças com o *establishment* e obter os recursos e a aprovação dele, mas o medo de recebê-los poderá interferir na sua originalidade e essência. Poderá temer um estereótipo cultural, temer por ele ou ter receio de se tornar um.

POSIÇÃO 11 — O RESULTADO

Você oferecerá conselho, consolo ou apoio, ou essas coisas lhe serão oferecidas por alguém muito sábio para a idade que tem. Poderá se encontrar com alguma pessoa ou com algo cujo valor você só veio a conhecer depois que perdeu. Você poderá vir a conhecer o poder de um modelo cultural ou religioso, ou, de alguma maneira, se tornar um modelo assim.

OS ENAMORADOS
A ATRAÇÃO

VOCÊ

Você precisa escolher sabiamente entre duas ou mais tentações igualmente atrativas. Saiba que somente escolherá com sabedoria se você se sentir satisfeito com quem, e o que, você é neste momento. Sintonize com o que é realmente atrativo para você.

POSIÇÃO 1

O QUE O CERCA

As energias à sua volta requerem que seja feita uma escolha entre o *status quo* e o novo. Poderá haver um novo romance ou alguma outra atração no ar. Se você se sentir satisfeito com quem, e o que, você é, escolherá com sabedoria.

POSIÇÃO 2

POSIÇÃO 3 — O QUE O BLOQUEIA

A incapacidade de escolher com sabedoria bloqueia o progresso. Não seja seletivo demais ou frívolo ao escolher o que é atrativo. Os afetos podem ser colocados no lugar errado. A boa tomada de decisões pode e precisa ser desenvolvida.

POSIÇÃO 4 — SUA BASE

Sua capacidade de decidir entre o que você tem e o que acha que deseja é crucial nesta situação. A insatisfação com o que tem pode refletir uma insatisfação com quem você pensa que é. As atrações externas refletem as necessidades internas.

POSIÇÃO 5 — O QUE ESTÁ ATRÁS DE VOCÊ

O momento de tomar uma decisão muito importante pode estar passando. Faça logo sua escolha, caso contrário uma decisão poderá ser imposta a você. Os efeitos de um romance, atração ou outro desejo do passado podem estar diminuindo.

POSIÇÃO 6 — O QUE O REALIZA

Seria interessante ser atraído pelas decisões corretas nesta questão. Visualize-se como alguém que está satisfeito com quem e o que é neste momento. Quando se sentir confiante, faça sua escolha e aja de acordo com a decisão.

POSIÇÃO 7 — O QUE ESTÁ DIANTE DE VOCÊ

Você em breve se verá diante de uma importante decisão. Ela poderá envolver um romance ou outra atração. Poderá ser uma escolha entre o que você tem e o que acha que deseja. Se estiver satisfeito com si mesmo, fará uma escolha sábia.

COMO SE APRESENTAR

Apresente-se como alguém que deseja fazer o que é melhor para seu bem maior. Imponha seu direito de controlar seu destino. Deixe que os outros saibam que você está avaliando todas as opções. Mostre aos outros o que você considera atrativo.

COMO OS OUTROS O CONSIDERAM

Os outros o consideram fascinado por alguém ou alguma coisa. A maioria o vê como habitualmente insatisfeito e tentado pela promessa do novo. Alguns o veem como uma pessoa romântica que busca encontrar a verdade e a beleza por meio de coisas externas.

SUAS ESPERANÇAS E MEDOS

Você acha que está insatisfeito com a maneira como as coisas são e espera tomar as decisões certas para mudar isso, mas receia perder as partes boas do que tem. Você pode temer as emoções de um romance.

O RESULTADO

Você se verá diante de uma importante decisão. Ela poderá envolver um romance ou outra atração. Poderá ser uma escolha entre o que você tem e o que acha que deseja. Se estiver satisfeito com si mesmo, fará uma escolha sábia.

O CARRO

A DETERMINAÇÃO

POSIÇÃO 1

VOCÊ

Você precisa se concentrar completamente, aproveitar o momento, entrar na disputa e vencê-la. Cultive a habilidade de suportar as atribulações do que é requerido. Esforçar-se para alcançar sua meta pode ser tão satisfatório quanto atingi-la. Você precisa ser forte.

POSIÇÃO 2

O QUE O CERCA

Um grande evento tenta atrai-lo para a emoção que ele representa. O caminho da vitória está próximo. Há muitos recursos à sua volta e estão disponíveis para serem usados. Você tem um ar de autoconfiança. Avance determinado em direção à vitória.

O QUE O BLOQUEIA

A falta de autoconfiança e ambição ou a concentração excessiva na competição bloqueia o progresso. Uma atitude a respeito da competição precisa mudar. Você pode ter problemas com o isolamento. Uma decisão pode ir contra você.

POSIÇÃO 3

SUA BASE

A força da sua determinação, autoconfiança e capacidade de organização são cruciais para esta situação. Examine sua atitude diante do lado competitivo da vida. O afastamento deverá ser objetivo e vantajoso.

POSIÇÃO 4

O QUE ESTÁ ATRÁS DE VOCÊ

A influência de uma competição está diminuindo. Quer você tenha ganhado, perdido ou empatado, ela foi um teste importante da sua determinação, autoconfiança e capacidade de organização. Se aprendeu com ela, você venceu. O total controle não é mais fundamental.

POSIÇÃO 5

O QUE O REALIZA

Seria interessante ser capaz de evitar ser distraído e atingir a meta que sabe ser capaz de alcançar. Visualize-se como um campeão cuja determinação é inabalável. Sinta a emoção da corrida em direção à doce vitória.

POSIÇÃO 6

O QUE ESTÁ DIANTE DE VOCÊ

Em breve você se concentrará de maneira obstinada em alcançar uma meta importante. Utilize sua força de vontade, autocontrole e autoconfiança, e vencerá. A determinação se fará conhecida. A contemplação ativa será importante.

POSIÇÃO 7

POSIÇÃO 8

COMO SE APRESENTAR

Apresente-se como um tipo de pessoa determinada, valente e autoconfiante que assume o controle e se concentra de maneira obstinada na meta à frente até que a vitória seja conquistada. Mostre que ama o impulso em direção à meta tanto quanto ama a vitória.

POSIÇÃO 9

COMO OS OUTROS O CONSIDERAM

Os outros o consideram determinado e um vencedor, valente e autoconfiante. Aqueles que não se sentem à vontade com o impulso e a ambição poderão vê-lo como desprovido de emoção, agressivo, controlador e obcecado pela ideia de vencer a todo custo.

POSIÇÃO 10

SUAS ESPERANÇAS E MEDOS

Você espera que se esforçar para alcançar seu objetivo resulte na conquista dele, mas receia o que o sucesso exigirá de você. Pode temer que a vitória seja efêmera e a competição continue. Pode ter receio de perder o controle de si mesmo ou dos outros.

POSIÇÃO 11

O RESULTADO

Você se concentrará de maneira obstinada em alcançar uma meta importante. Utilize sua força de vontade, autocontrole e autoconfiança, e vencerá. A determinação se fará conhecida. A contemplação ativa será importante.

A FORÇA
O CORAÇÃO VALENTE

VOCÊ

Você precisa desenvolver a verdadeira força. Para fazer isso, equilibre seus aspectos humanos, ancestrais e divinos. Isso pode parecer impossível, mas o amor, a bondade e um coração valente podem equilibrá-los.

POSIÇÃO 1

O QUE O CERCA

Você está em uma atmosfera positiva e harmoniosa. Existe um grande poder espiritual, mental e físico à sua volta que poderá ser usado se acreditar que ele também está em você. Um coração valente segue em frente apesar do medo.

POSIÇÃO 2

POSIÇÃO 3 — O QUE O BLOQUEIA

Um desequilíbrio entre seus desejos carnais e seu conhecimento espiritual está bloqueando o progresso. Não negue que seu diálogo interior tem uma grande influência sobre sua realidade externa. Um coração valente segue em frente apesar do medo.

POSIÇÃO 4 — SUA BASE

Sua capacidade de manter o equilíbrio entre os desejos carnais e o que é melhor para o bem do todo é crucial para esta situação. Um herói ou uma heroína tem tanto medo quanto um covarde, mas um coração valente avança apesar do medo.

POSIÇÃO 5 — O QUE ESTÁ ATRÁS DE VOCÊ

No passado, você demonstrou a capacidade de ser forte. Sua abordagem calma e equilibrada – uma mistura de amor e da determinação de fazer o que é certo – deve ser relembrada e utilizada agora. Um coração valente avança apesar do medo.

POSIÇÃO 6 — O QUE O REALIZA

Seria proveitoso equilibrar o conflito entre a espiritualidade e os desejos carnais. Visualize-os sobre os dois pratos de uma balança que são equilibrados por meio do amor e da perseverança. Um coração valente avança apesar do medo.

POSIÇÃO 7 — O QUE ESTÁ DIANTE DE VOCÊ

Você em breve realizará com o amor o que a força não consegue. Você acalmará os medos com coragem e perseverança. Poderá encontrar, ou se tornar, um exemplo da verdadeira força e valentia. Um coração valente avança apesar do medo.

COMO SE APRESENTAR

Apresente-se como alguém que sabe a diferença entre a bondade e a fraqueza. Demonstre que você sabe perseverar e exercer o controle com uma mão amorosa. Um coração valente avança apesar do medo.

COMO OS OUTROS O CONSIDERAM

Os outros o consideram uma pessoa forte, corajosa e bondosa. Você parece ter superado seus medos e fraquezas e alcançado a mais valiosa das forças: um coração valente.

SUAS ESPERANÇAS E MEDOS

Você espera ser forte o bastante para superar seus medos e fraquezas, mas receia não ser. Pode ter medo de nunca conseguir ser espiritualizado enquanto tiver desejos carnais. Você consegue. Um coração valente avança apesar do medo.

O RESULTADO

O poder do amor pode triunfar sobre a força, a coerção e o extremismo. A fé pode ser fortalecida e o resultado desejado talvez seja alcançado. Você poderá conhecer o que é o heroísmo. Um coração valente avança apesar do medo.

O EREMITA
A INTROSPECÇÃO

POSIÇÃO 1

VOCÊ

Você precisa desenvolver o verdadeiro poder de um mestre. Para fazer isso, contente-se em ficar sozinho ou apenas com aqueles com quem se identifica. Não desperdice tempo e energia com aqueles que não estão prontos ou não merecem sua atenção. O autocontrole requer a introspecção.

POSIÇÃO 2

O QUE O CERCA

Você está cercado por fontes de bons conselhos, mas precisa procurá-las – elas não irão sozinhas até você. Saia da sua rotina e use a introspecção para o autocontrole. Uma pessoa mais velha ou excêntrica poderá ajudar ou precisar de ajuda.

O QUE O BLOQUEIA

A introspecção, ou a falta dela, bloqueia o progresso. Você pode estar distante demais dos outros ou achar que os relacionamentos não são para você. Ou, talvez, precise se isolar da violência ou loucura do cotidiano. Uma pessoa mais velha ou excêntrica talvez seja o problema.

POSIÇÃO 3

SUA BASE

Sua capacidade de evitar os mais diferentes tipos armadilhas e distrações é crucial para esta situação. Embora os outros possam não entender e criticá-lo por isso, você precisa trilhar seu próprio caminho. Lidar com a introspecção dos mais velhos é fundamental.

POSIÇÃO 4

O QUE ESTÁ ATRÁS DE VOCÊ

No passado, você recolheu suas energias e dedicou-as aos seus próprios interesses e atividades. A introspecção e a busca do autocontrole o prepararam para este momento. A influência de uma pessoa mais velha pode estar chegando ao fim.

POSIÇÃO 5

O QUE O REALIZA

Seria proveitoso recolher suas energias por algum tempo e se dedicar a encontrar paz dentro de si mesmo e não no mundo exterior. Visualize-se na gruta protetora de um eremita. Sinta sua introspecção desenvolver o autocontrole.

POSIÇÃO 6

O QUE ESTÁ DIANTE DE VOCÊ

A energia poderá ser desviada da situação em breve ou um novo caminho será revelado. Segui-lo requer total atenção e dedicação. O interesse nos eventos externos poderá diminuir. Uma pessoa excêntrica ou mais velha talvez se torne importante.

POSIÇÃO 7

POSIÇÃO 8 — COMO SE APRESENTAR

Apresente-se como um mestre introspectivo e experiente que guarda segredos porque a verdadeira sabedoria não é para todos os ouvidos. Mostre que você não precisa de ninguém. Não tenha medo de que seu comportamento o faça parecer excêntrico ou "velho demais".

POSIÇÃO 9 — COMO OS OUTROS O VEEM

Os outros o consideram introspectivo. Para a maioria você parece maduro, experiente, ponderado e uma pessoa que não tem paciência com os ingênuos e insensatos. Outros poderão repudiá-lo como excêntrico, antissocial ou alguém que evita todo e qualquer envolvimento.

POSIÇÃO 10 — SUAS ESPERANÇAS E MEDOS

Você espera que a introspecção o ajude a alcançar a sabedoria e a competência, mas teme o que a ela poderá revelar. Pode recear ser considerado excêntrico. Talvez tenha medo de envelhecer ou tema pelos idosos.

POSIÇÃO 11 — O RESULTADO

A competência pode ser adquirida. A introspecção pode conduzir à maturidade e à autossuficiência. Talvez queira seguir um líder ou caminho que exija total concentração. Uma pessoa excêntrica ou mais velha poderá se tornar importante.

A RODA DA FORTUNA

OS CICLOS

VOCÊ

Você precisa ser tão brilhante e sortudo quanto é habilidoso, talvez ainda mais neste caso. A sorte chega com mais frequência quando a oportunidade, a preparação e a habilidade se encontram. Estude as diferentes artes e ciências dedicadas aos ciclos e à sincronicidade.

POSIÇÃO 1

O QUE O CERCA

Você está no momento e no lugar certos para realizar coisas notáveis. O que parece ser "sorte" pode ser um bom karma voltando para você. Quaisquer dificuldades podem ser seu mau karma sendo trabalhado. É preciso compreender os ciclos.

POSIÇÃO 2

POSIÇÃO 3 — O QUE O BLOQUEIA

Mudanças de ciclo suspendem o progresso. Seus problemas podem dar a impressão de ser má sorte, mas resultam de ações mal interpretadas ou ações negativas do passado que estão voltando para assombrá-lo. Prepare-se para o fato de que a vida, assim como a sorte, acontece em ciclos. Boa sorte.

POSIÇÃO 4 — SUA BASE

A maneira como você tem agido durante os ciclos da sua vida é crucial para esta situação. Esta última oferece uma boa oportunidade para que você obtenha a compensação kármica das sementes que plantou.

POSIÇÃO 5 — O QUE ESTÁ ATRÁS DE VOCÊ

O período de perigo e de oportunidades nascidas da compensação kármica terminou. Você está entrando em um novo ciclo livre da influência das ações passadas. Está na hora de criar sua própria sorte.

POSIÇÃO 6 — O QUE O REALIZA

Seria proveitoso equilibrar o karma passado que está afetando sua situação atual de maneira adversa. Visualize-se desculpando-se sinceramente com aqueles que você prejudicou e veja-os aceitando suas desculpas. Também é necessário perdoar a si mesmo.

POSIÇÃO 7 — O QUE ESTÁ DIANTE DE VOCÊ

Em breve lhe será exigido que corra um risco. Poderá parecer que ele depende da sorte, mas é o resultado do karma passado que você semeou e que está voltando como parte de um ciclo natural. A sorte é o encontro da oportunidade, da preparação e da habilidade.

COMO SE APRESENTAR

Apresente-se como uma pessoa que tem a sorte de ter consciência dos ciclos da vida e de fazer planos para eles. Demonstre que tem responsabilidade pelo progresso da sua vida. Exiba a disposição de correr riscos.

POSIÇÃO 8

COMO OS OUTROS O CONSIDERAM

Alguns o veem como alguém que recebe a recompensa que merece. Outros o veem como imprevisível, porém como uma pessoa afortunada e otimista, disposta a correr riscos e apostar seu último centavo para chegar ao topo.

POSIÇÃO 9

SUAS ESPERANÇAS E MEDOS

Você espera que a Roda da Fortuna vá girar a seu favor, mas receia que ela não faça isso. Talvez tenha medo da regularidade dos ciclos ou de ser arriscar. Pode temer as consequências das ações passadas ou ter medo de não merecer a sorte.

POSIÇÃO 10

O RESULTADO

Você vai colher o que plantou. Se você se preparou bem e se comportou honradamente, esta é uma época de sucesso. O conhecimento dos ciclos aumenta suas responsabilidades. A sorte é o encontro da oportunidade, da preparação e da habilidade.

POSIÇÃO 11

11

A JUSTIÇA
A VERDADE

POSIÇÃO 1 — VOCÊ

Você precisa conhecer e falar a verdade, e percebê-la nas palavras e ações dos outros. Seja justo e imparcial com todos e logo será capaz de detectar a deslealdade em si mesmo e nos outros. Aprenda as regras que regem aquilo com que está envolvido.

POSIÇÃO 2 — O QUE O CERCA

Você está em uma posição na qual a razão e o equilíbrio podem possibilitar que todos lidem com o ponto de vista uns dos outros. O desejo de que a justiça seja feita pode facilitar que a verdade prevaleça sobre o medo. As leis e os advogados podem ser importantes agora.

O QUE O BLOQUEIA

A verdade, ou a ausência dela, bloqueia o progresso. Problemas com o equilíbrio e a proporção, um acordo, a justiça ou um ou mais dos seus agentes podem causar interferência. A falsidade, a vingança ou até mesmo ser justo e sincero demais devem ser evitados. Não dê informações de maneira voluntária.

SUA BASE

Quanto você tem sido verdadeiro consigo mesmo e com os outros é crucial para sua situação. Registros, documentos e acordos precisam ser colocados em ordem antes do início de um novo trabalho. O conhecimento da legislação é fundamental.

O QUE ESTÁ ATRÁS DE VOCÊ

No passado, a justiça foi feita e a verdade foi revelada, independentemente de alguém ter notado, concordado ou não. Um acordo do passado requer atenção agora. A influência das leis e dos advogados está chegando ao fim, embora nunca estejam muito afastados.

O QUE O REALIZA

Seria proveitoso que você eliminasse os sentimentos de vingança ou arrependimento. Visualize-se perdoando todos aqueles que você sente que o prejudicaram, inclusive a si mesmo por ter permitido que isso acontecesse. Compreenda que a verdade realmente é encanto, e o encanto, é a verdade.

O QUE ESTÁ DIANTE DE VOCÊ

Você logo conseguirá o que merece. Acordos poderao ser feitos e mantidos. Talvez haja um reequilíbrio em todos os níveis, inclusive nas questões financeiras e jurídicas. A verdade e a justiça prevalecerão. De alguma maneira, sua vida será transformada para melhor.

POSIÇÃO 8

COMO SE APRESENTAR

Apresente-se como uma pessoa justa, imparcial e empenhada em buscar a verdade, não apenas para seu benefício. Demonstre que está disposto a fazer concessões desde que isso seja justo para todos os envolvidos. Vista-se muito bem, de acordo com o que você dispõe.

POSIÇÃO 9

COMO OS OUTROS O CONSIDERAM

Os sábios o veem como alguém justo, imparcial, empenhado em encontrar a verdade e a justiça, e como alguém capaz de fazer concessões desde que todos sejam tratados com igualdade. Os ignorantes podem achar que você é uma pessoa "certinha demais". Você é visto por muitos como uma pessoa de bom gosto e discernimento.

POSIÇÃO 10

SUAS ESPERANÇAS E MEDOS

Você espera que a verdade e a justiça triunfem, mas teme que isso aconteça da maneira delas e não da sua. O que você merece pode não ser o que lhe agradaria. Talvez tenha receio de que advogados, ou uma questão jurídica, se oponham a você.

POSIÇÃO 11

O RESULTADO

Você conseguirá o que merece. Acordos poderão ser feitos e mantidos. Talvez haja um reequilíbrio em todos os níveis, inclusive nas questões financeiras e jurídicas. A verdade e a justiça prevalecerão. De alguma maneira, sua vida será transformada para melhor.

O ENFORCADO

A SUSPENSÃO

VOCÊ

Você precisa entrar em contato com o motivo pelo qual se sente tolhido ou imobilizado. A suspensão do progresso pode ocorrer se o aprendizado se estagnar. Se as coisas forem vistas a partir de uma nova perspectiva, poderá ocorrer uma mudança. Você não está sendo punido injustamente.

POSIÇÃO 1

O QUE O CERCA

Você está cercado por um sentimento de que tudo está suspenso e que forças parecem restringir cada movimento seu. Procure não ser um mártir. Você só se sentirá livre quando conseguir olhar para as coisas a partir de uma perspectiva diferente.

POSIÇÃO 2

POSIÇÃO 3 — O QUE O BLOQUEIA

A suspensão bloqueia o progresso. Uma suspensão obrigatória das regras ou da maneira habitual de fazer as coisas limita sua liberdade. Você está imobilizado e não poderá nem avançar nem recuar enquanto não aprender a olhar para as coisas a partir de uma perspectiva inteiramente diferente.

POSIÇÃO 4 — SUA BASE

Sua capacidade de enxergar o valor da limitação, da espera e do *status quo* é crucial para a sua situação. Se você aprender com isso, poderá prosperar. Se lutar, perderá. Suspenda suas convicções habituais durante algum tempo.

POSIÇÃO 5 — O QUE ESTÁ ATRÁS DE VOCÊ

Você está emergindo de um período em que se sentia tolhido e ou até mesmo martirizado. As regras pareciam suspensas. Talvez tenha tido que se sacrificar em prol de um propósito maior. Seu novo ponto de vista também lhe será útil.

POSIÇÃO 6 — O QUE O REALIZA

Seria interessante aprender o valor da vida prática e de manter por um tempo as coisas como estão. Visualize-se suspenso sobre sua situação e alcançando uma perspectiva mais elevada. Saiba que seu novo ponto de vista pode libertá-lo.

POSIÇÃO 7 — O QUE ESTÁ DIANTE DE VOCÊ

Você logo virá a se sentir como se estivesse em câmera lenta. Esse é um sinal de que precisa olhar para as coisas a partir de uma perspectiva diferente ou perceber o valor de ser paciente por algum tempo. Entenda que você não está sendo punido injustamente.

COMO SE APRESENTAR

Apresente-se como alguém que precisa esperar e não pode se mover do ponto onde está física, mental ou espiritualmente. Demonstre que está pronto para se sacrificar por uma causa digna. Detenha-se entre a ação e a inércia.

POSIÇÃO 8

COMO OS OUTROS O VEEM

Algumas pessoas o veem como alguém incapaz de se mover. Outras, como alguém aprisionado pelos seus próprios pensamentos e ações enquanto outros o veem como alguém limitado por ações sobre as quais tem pouco controle. Você pode parecer indeciso com relação a alguma coisa.

POSIÇÃO 9

SUAS ESPERANÇAS E MEDOS

Você espera reservar algum tempo na vida cotidiana para contemplar as coisas a partir de uma perspectiva diferente, mas receia que ainda assim se sentirá tolhido, não importando o que faça, diga ou pense. Talvez tenha receio de ficar impotente diante das circunstâncias ou ser apanhado em uma armadilha. Talvez surja o medo do auge, do apogeu.

POSIÇÃO 10

O RESULTADO

Você poderá vir a se sentir como se estivesse em câmera lenta. Esse é um sinal de que você precisa ver as coisas a partir de uma perspectiva diferente e mais elevada. Aproveite ao máximo os atrasos que estão além do seu controle. Entenda que você não está sendo punido injustamente.

POSIÇÃO 11

A MORTE

A TRANSFORMAÇÃO

POSIÇÃO 1

VOCÊ

Você precisa transformar profundamente a si mesmo ou uma situação. Se não puder transformar a situação, poderá sentir uma inclinação a encerrar seu envolvimento. Aquilo que já durou além do seu tempo precisa se extinguir a fim de abrir caminho para um novo crescimento.

POSIÇÃO 2

O QUE O CERCA

Você está cercado por energias que exigem e respaldam uma profunda mudança. Poderão ser dolorosas se resistir a elas. O que já durou além do seu tempo está sendo removido para abrir caminho a um novo crescimento.

O QUE O BLOQUEIA

Um excesso ou uma falta de transformação está bloqueando o progresso. O excesso de transformação causa dor e confusão, e poderá lhe custar muito caro. A falta de transformação inibe o crescimento. O medo das rupturas, ou de uma mudança profunda, também está obstruindo o caminho.

POSIÇÃO 3

SUA BASE

Sua atitude diante da transformação, e sua experiência com ela, é crucial para a situação. Você não pode resistir a ela ou esperar que as coisas permaneçam as mesmas. É melhor entregar os pontos e deixar que forças superiores resolvam a situação. Coloque as coisas em ordem e abra caminho para o novo.

POSIÇÃO 4

O QUE ESTÁ ATRÁS DE VOCÊ

Você está emergindo de um período de profunda transformação. A mudança pode ser dolorosa, especialmente se resistir a ela. Se foi esse o caso, permita que a dor vá embora para que possa avançar. Se deixou de colocar as coisas em ordem, isso poderá voltar à tona.

POSIÇÃO 5

O QUE O REALIZA

Seria proveitoso abandonar o medo e deixar que a transformação aconteça. Visualize-se em um jardim no outono quando as flores esmorecem e deixam cair as sementes. Sinta o sol fazer com que as sementes brotem com nova vida na primavera.

POSIÇÃO 6

O QUE ESTÁ DIANTE DE VOCÊ

Em breve você enfrentará uma profunda transformação. Talvez tenha que pôr fim a alguma coisa ou abandoná-la para abrir caminho a uma nova. Resistir à mudança pode ser doloroso, portanto, entregue os pontos e deixe que forças superiores resolvam a situação. Um ciclo se encerrará e outro terá início.

POSIÇÃO 7

POSIÇÃO 8 — COMO SE APRESENTAR

Apresente-se como um agente de mudança. Demonstre que sabe da necessidade de abandonar o velho para abrir caminho ao novo. Procure uma conclusão. Mostre que está pronto para fechar um negócio ou cancelá-lo. Está na hora de colocar as coisas em ordem.

POSIÇÃO 9 — COMO OS OUTROS O CONSIDERAM

Os outros o veem como agente de uma profunda mudança. Está aprendendo a abandonar o velho para abrir caminho ao novo. Você parece procurar uma conclusão. Pode colocar as coisas em ordem, fechar um negócio ou cancelá-lo.

POSIÇÃO 10 — SUAS ESPERANÇAS E MEDOS

Você espera que a transformação pela qual sua vida precisa passar não lhe cause uma dor insuportável, mas receia que isso aconteça. Você é mais forte do que isso. É o próprio excesso de medo das rupturas, de uma mudança profunda, ou a ausência desse medo, que deve ser temido.

POSIÇÃO 11 — O RESULTADO

Você enfrentará uma profunda transformação. Talvez tenha que pôr fim a alguma coisa ou abandoná-la a fim de abrir caminho para uma nova. Resistir à mudança pode ser doloroso, portanto, entregue os pontos e deixe que forças superiores resolvam a situação. Será uma ocasião para colocar as coisas em ordem.

A TEMPERANÇA
A PACIÊNCIA

VOCÊ

Você precisa ser paciente para poder agir no momento certo e com precisão. Teste a si mesmo: você se sente ansioso ou em harmonia com questões práticas? E com as leis naturais? Aprenda como coalescer, combinar, movimentar e esperar.

POSIÇÃO 1

O QUE O CERCA

As energias à sua volta exigem paciência e atenção ao momento certo de agir. É uma época de moderação. Continue a coalescer, combinar e movimentar. Talvez seja melhor deixar que as coisas venham até você.

POSIÇÃO 2

POSIÇÃO 3 — O QUE O BLOQUEIA

Problemas com a paciência e a escolha do momento bloqueiam o progresso. O excesso de paciência retarda a realização da sua meta e pode resultar em ignorância sendo tolerada. A falta de paciência também destrói a escolha do momento e prejudica todos os envolvidos.

POSIÇÃO 4 — SUA BASE

Sua capacidade de ser paciente e usar o tempo de espera de modo produtivo é crucial para a situação. A preparação possibilita que você aja com a máxima eficácia e na ocasião apropriada. Faça listas. Estabeleça metas razoáveis e alcance-as.

POSIÇÃO 5 — O QUE ESTÁ ATRÁS DE VOCÊ

O momento da paciência, da coalescência e da espera já passou. Se esse tempo foi bem utilizado, tudo está preparado para uma ação eficaz. Se o tempo foi desperdiçado, pare de se queixar. Você precisa parar, olhar e escutar antes de agir.

POSIÇÃO 6 — O QUE O REALIZA

Seria proveitoso ter a paciência necessária para planejar e agir no momento certo. Visualize-se sendo instruído na arte da paciência pelo seu Anjo da Guarda. Entenda que você precisa apreciar o processo tanto quanto aprecia o resultado.

POSIÇÃO 7 — O QUE ESTÁ DIANTE DE VOCÊ

Você logo encontrará uma ocasião em que a paciência, a pontualidade ou a ação no momento oportuno determinarão seu sucesso. Use o tempo de espera com sabedoria a fim de estar preparado para agir. A complexidade poderá beneficiá-lo, portanto não a rejeite.

COMO SE APRESENTAR

Apresente-se como alguém moderado em todas as situações, paciente, pontual e capaz de agir no momento certo. Mostre que é capaz de combinar fatores aparentemente antagônicos para que trabalhem a seu favor. Exiba sua habilidade de coalescer, combinar e mexer.

POSIÇÃO 8

COMO OS OUTROS O VEEM

Os outros valorizam sua capacidade de ser moderado em todas as situações, sua paciência, pontualidade e a escolha do momento certo. Aqueles que têm uma agenda inflexível poderão considerá-lo excessivamente pragmático, hesitante ou habituado a recorrer a táticas proteladoras.

POSIÇÃO 9

SUAS ESPERANÇAS E MEDOS

Você espera poder ser paciente o bastante para agir no momento certo e necessário para obter o melhor resultado, mas receia que as circunstâncias requeiram que você aja agora. Talvez tenha medo de comprometer sua dignidade ou sua força.

POSIÇÃO 10

O RESULTADO

Você perceberá a sabedoria contida na espera. Ser paciente, pontual ou agir no momento certo poderá determinar seu sucesso. O respeito trará bons frutos. A complexidade poderá beneficiá-lo, portanto não a rejeite.

POSIÇÃO 11

15

O DIABO

A TRAPAÇA

POSIÇÃO 1 — VOCÊ

Você deseja tanto uma coisa que está disposto a ir contra o que sabe ser certo e verdadeiro para obtê-la. Você está jogando um jogo arriscado com forças perigosas. Trapaças não funcionarão. O sexo sem amor não faz sentido.

POSIÇÃO 2 — O QUE O CERCA

Você está cercado pela trapaça e por tentações. Tome cuidado. Alguém pode estar mentindo para você. Escolha suas palavras com cuidado. Não dê informações sem que sejam pedidas. Este é um momento de sexo, sedução e dissimulações. Jogue o jogo para ganhar.

O QUE O BLOQUEIA

A trapaça, a desonestidade e a tentação bloqueiam o progresso. Proteja-se. Alguém pode estar mentindo para você. Pode ser que você esteja mentindo para os outros ou até mesmo para si próprio. A luxúria ou a falta de amor, carinho e empatia garante o inevitável fracasso. Aja com sutileza, ou simplesmente não aja.

POSIÇÃO 3

SUA BASE

Sua habilidade em usar uma máscara e jogar o jogo é crucial para a situação, e deve sempre se lembrar de que se trata apenas de um jogo. Tome cuidado com a sedução, apropriação, mentiras e trapaça dos outros ou sua. Aja com sutileza, ou simplesmente não aja.

POSIÇÃO 4

O QUE ESTÁ ATRÁS DE VOCÊ

O domínio da sedução do mundo material sobre a situação atual está diminuindo. A influência da luxúria, do egoísmo, da trapaça ou até mesmo de atividades criminais precisa ser considerada na sua situação atual. Aja com sutileza.

POSIÇÃO 5

O QUE O REALIZA

Seria interessante agir da maneira dissimulada necessária para lidar com a trapaça. Visualize-se usando uma máscara protetora que foi oferecida pelo seu Anjo da Guarda. Lembre-se de retirá-la quando acabar o jogo.

POSIÇÃO 6

O QUE ESTÁ DIANTE DE VOCÊ

Tome cuidado. Em breve se verá diante da sedução do mundo material. Poderá ser tentado e testado pela luxúria, trapaça e ganância. Você talvez precise dissimular suas verdadeiras intenções. Aja com sutileza, ou simplesmente não aja.

POSIÇÃO 7

POSIÇÃO 8 — COMO SE APRESENTAR

Apresente-se como alguém que sabe jogar para ganhar. Seja sutil e tome cuidado para não revelar demais. Dissimule até mesmo isso, porque se aparentar ser capaz de trapacear, talvez ninguém confie em você. Aja de maneira *sexy* ou sedutora.

POSIÇÃO 9 — COMO OS OUTROS O CONSIDERAM

Alguns não o veem como você é. Muitos o veem como sedutor e aliciador. Alguns acham que você é capaz de deturpar a verdade para servir aos seus propósitos. Outros acham que você é capaz de praticar o mal. Não espere o apoio das pessoas.

POSIÇÃO 10 — SUAS ESPERANÇAS E MEDOS

Você espera possuir os prazeres do mundo material, mas teme que alcançar isso signifique lidar com o pior que existe nas pessoas, inclusive em você. É preciso sempre lidar com nossa sombra. Talvez tenha medo do sexo e de outras tentações descritas por algumas religiões.

POSIÇÃO 11 — O RESULTADO

Tome cuidado. Você se verá diante da sedução do mundo material. Poderá ser tentado e testado pela luxúria, trapaça e ganância. Você talvez precise dissimular suas verdadeiras intenções. Aja com sutileza, ou simplesmente não aja.

◆ 16

A TORRE

A CRISE

VOCÊ

Você precisa revolucionar um aspecto importante da sua situação. Poderá se sentir tão desesperado a ponto de se mostrar disposto a perturbar tudo e todos para acabar com sua crise. Uma energia inconstante e de irritação poderá ser liberada de repente.

POSIÇÃO 1

O QUE O CERCA

Você está cercado por ideias e ações revolucionárias. O *status quo* precisa mudar, caso contrário uma crise poderá ocorrer. A estabilidade está ameaçada. A pressão precisa ser liberada ou, talvez, uma explosão ocorra. A energia poderá ser liberada de repente.

POSIÇÃO 2

POSIÇÃO 3

O QUE O BLOQUEIA

A crise e a instabilidade bloqueiam seu progresso. Forças de mudança ou a resistência à mudança causaram um colapso. Se o antigo tiver sido posto de lado, muitas coisas boas foram perdidas com ele. O equilíbrio precisa ser restabelecido.

POSIÇÃO 4

SUA BASE

Sua capacidade de se sair bem em uma situação instável e dominada pela crise, quando tudo muda rapidamente, é crucial para sua situação. As letras chinesas para "crise" significam "perigo" e "oportunidade". Fique atento a ambos.

POSIÇÃO 5

O QUE ESTÁ ATRÁS DE VOCÊ

A época de instabilidade, das ideias revolucionárias e do colapso de estruturas estabelecidas está passando. Os efeitos dessa época são permanentes e precisam ser enfrentados e compreendidos. A oportunidade de recriar sua vida é agora.

POSIÇÃO 6

O QUE O REALIZA

Seria proveitoso escapar das pressões da sua vida fazendo algo de uma maneira inteiramente nova. Visualize-se reinventando alegremente sua vida, jogando fora o que não funcionou para você no passado.

POSIÇÃO 7

O QUE ESTÁ DIANTE DE VOCÊ

Você logo encontrará ideias revolucionárias, instabilidade ou o colapso de estruturas estabelecidas. Energias inconstantes poderão ser liberadas de repente. As antigas regras não se aplicarão mais. Poderá se sentir livre de alguma maneira.

COMO SE APRESENTAR

Apresente-se como um defensor de novas ideias estimulantes, revolucionárias e inovadoras. Mostre os benefícios de atualizar ideias e estruturas estabelecidas para novas realidades. Não seja tímido e nem tenha medo de perturbar o equilíbrio da situação.

POSIÇÃO 8

COMO OS OUTROS O CONSIDERAM

As pessoas progressistas o veem como um defensor do que é estimulante e revolucionário. Você parece não ter medo da mudança. Os conservadores o veem como uma influência turbulenta, perigosa ou perturbadora que tenta destruir o que eles mais estimam na vida.

POSIÇÃO 9

SUAS ESPERANÇAS E MEDOS

Você pode desejar ver os padrões e estruturas estabelecidos se transformarem e a rotina se tornar estimulante, mas receia que a instabilidade e a perturbação não valham o esforço. Poderá temer a ocorrência de um desastre.

POSIÇÃO 10

O RESULTADO

Você poderá encontrar ideias revolucionárias, instabilidade ou o colapso de estruturas estabelecidas. Energias inconstantes poderão ser liberadas. As antigas regras não se aplicarão mais. Poderá se sentir livre de alguma maneira.

POSIÇÃO 11

A ESTRELA
A ILUMINAÇÃO

POSIÇÃO 1

VOCÊ

Você precisa ser a estrela do seu show e vivenciar um período de alegria, admiração, esperança e cura. Relaxe e restabeleça sua conexão com seu corpo e a iluminação das realidades espirituais. Resida no bem.

POSIÇÃO 2

O QUE O CERCA

Você está cercado por maravilhosas possibilidades: alegria, esperança, cura e talvez até mesmo a fama. A beleza, a arte e as verdades espirituais podem inspirar novas ideias revigorantes que transcendem a "realidade". É uma época de renovação e iluminação.

O QUE O BLOQUEIA

O idealismo bloqueia o progresso. Não use a busca da beleza, da arte, da verdade espiritual, da alegria, da admiração, da esperança ou da cura como uma maneira de evitar a realidade. Coisas desagradáveis ocupam um lugar na vida. Equilibre o relaxamento com o trabalho satisfatório.

POSIÇÃO 3

SUA BASE

Ter o tempo e a capacidade para se curar e rejuvenescer é crucial para sua situação. Use a beleza, a arte e as verdades espirituais para inspirar esperança, alegria e iluminação. Por ora, evite coisas desagradáveis. Seja uma "estrela" no seu próprio show.

POSIÇÃO 4

O QUE ESTÁ ATRÁS DE VOCÊ

O período de cura, relaxamento e reenergização está passando. A inspiração, a esperança e o sentimento de deslumbramento obtidos podem fortalecer a fé. As verdades espirituais podem fazer os sonhos se tornarem realidade. Os benefícios da iluminação perduram.

POSIÇÃO 5

O QUE O REALIZA

Seria proveitoso curar e reenergizar. Cerque-se de arte, beleza e apenas de coisas positivas. Visualize essas poderosas energias positivas sendo emanadas por tudo ao seu redor a fim de curar, fortalecer e iluminar sua vida.

POSIÇÃO 6

O QUE ESTÁ DIANTE DE VOCÊ

Em breve você conhecerá os benefícios e a necessidade do relaxamento, da cura e da renovação. Você poderá vivenciar a graça divina e a iluminação espiritual. Aprecie ser a "estrela" do seu show. Entenda que precisa e merece um momento para a cura depois da tempestade.

POSIÇÃO 7

OS ARCANOS

POSIÇÃO 8 — COMO SE APRESENTAR

Apresente-se como um agente da paz, da cura, da esperança e da inspiração. Evite a negatividade. Mostre o valor da iluminação e de expressar, e de apreciar, a arte e a beleza. Relaxe. Você pode até mesmo agir como uma "estrela".

POSIÇÃO 9 — COMO OS OUTROS O CONSIDERAM

Os outros o consideram um agente da paz, da cura, da esperança e da inspiração. Eles se aquecem na sua radiância. A sua apreciação das verdades espirituais ilumina a escuridão da vida deles. Alguns acham que você tem uma qualidade de "ser especial", para o bem ou para o mal.

POSIÇÃO 10 — SUAS ESPERANÇAS E MEDOS

Você espera ser capaz de curar e renovar, mas receia não conseguir. Você poderá achar que é ingênuo se concentrar nos aspectos positivos e desconsiderar os efeitos limitantes dos negativos. Poderá sentir o rigor de buscar a iluminação.

POSIÇÃO 11 — O RESULTADO

Você conhecerá os benefícios e a necessidade do relaxamento, da cura e da renovação. Você poderá vivenciar a graça divina e a iluminação espiritual. Aprecie ser a "estrela" do seu show. Entenda que precisa e merece um momento para a cura depois da tempestade.

A LUA

A JORNADA NAS SOMBRAS

VOCÊ

Você precisa prosseguir sem uma imagem clara de onde está, de para onde está indo ou de onde você esteve. Não precisa temer o desconhecido. Com intuição e confiança em si mesmo e nas forças superiores, você poderá ter sucesso.

POSIÇÃO 1

O QUE O CERCA

Você está cercado pela escuridão, o que torna difícil separar a ilusão da realidade. O caminho pode parecer assustador. Confie na sua intuição. Não se deixe guiar por entendidos, pela moda ou por boatos. Aja como se acompanhado por forças superiores.

POSIÇÃO 2

POSIÇÃO 3 — O QUE O BLOQUEIA

Você pode estar paralisado pela escuridão, pelo medo ou pela confusão. Separar a ilusão da realidade talvez seja impossível ou pouco prático. Com intuição e confiança em si mesmo, e nas forças superiores, poderá fazer sua jornada através do desconhecido.

POSIÇÃO 4 — SUA BASE

Sua capacidade de prosseguir sem saber exatamente onde se encontra é crucial para a situação. O caminho pode parecer assustador, mas permaneça calmo e acredite que sua intuição e as forças superiores o levarão para casa em segurança.

POSIÇÃO 5 — O QUE ESTÁ ATRÁS DE VOCÊ

Um período de escuridão, medo e confusão está passando. Seu profundo efeito não será inteiramente visível. Se a fé, a confiança e a intuição ainda forem valiosas para você, agora ficará melhor. Se não forem, recorra à proteção de um amigo leal.

POSIÇÃO 6 — O QUE O REALIZA

Seria proveitoso acreditar que você pode atravessar este período de escuridão, medo ou confusão. Visualize o fato de que até mesmo em uma noite nublada a lua está além das nuvens tentando afastar a escuridão e lhe mostrar o caminho.

POSIÇÃO 7 — O QUE ESTÁ DIANTE DE VOCÊ

Você em breve poderá encontrar a escuridão, o medo ou a confusão. Será desafiado a prosseguir sem uma imagem clara do passado, do presente ou do futuro. Recorra à fé, à intuição e às forças superiores para que o conduzam ao lar em segurança. Sintonize com seus sonhos.

COMO SE APRESENTAR

Apresente-se como em uma travessia entre a escuridão e a luz, o medo e a fé, a confusão e o esclarecimento. Você poderá ficar emocionalmente instável, solitário ou assustado. Este é um período de teste, uma proverbial "noite escura da alma".

POSIÇÃO 8

COMO OS OUTROS O CONSIDERAM

Os outros o consideram emocionalmente instável. Para aqueles que só veem a superfície das coisas, você poderá parecer solitário, assustado ou confuso. Os sábios e os experientes percebem que está encontrando seu caminho através de uma "noite escura da alma".

POSIÇÃO 9

SUAS ESPERANÇAS E MEDOS

Você espera que o medo e a confusão terminem, mas receia que a força, a fé e a confiança na proteção divina não sejam suficientes. As forças superiores falam conosco por meio dos sonhos e da intuição. Você poderá temer o desconhecido, as pessoas desconhecidas ou o escuro.

POSIÇÃO 10

O RESULTADO

Você poderá encontrar a escuridão, o medo ou a confusão. Será desafiado a prosseguir sem uma imagem clara do passado, do presente ou do futuro. Recorra à fé, à intuição e às forças superiores para que o conduzam ao lar em segurança. Sintonize-se com seus sonhos.

POSIÇÃO 11

O SOL

A LUZ

19

VOCÊ

POSIÇÃO 1

Você precisa compartilhar suas mais elevadas qualidades e realizações. Irradie sempre, e de todas as maneiras, quem você é e o que está fazendo. Derrame amor sobre aqueles com quem se importa. Seja uma figura parental forte. Apoie todos os esforços de crescimento.

O QUE O CERCA

POSIÇÃO 2

Você está cercado por fortes energias positivas. Tudo parece ensolarado e brilhante. O que estava oculto é revelado. A criatividade se expressa e é reconhecida. O amor é doado livremente. Há amor, luz e risos.

O QUE O BLOQUEIA

Ser excessivamente otimista ou pessimista bloqueia seu progresso. Concentrar-se em aparências, agrados ou em concessões encobre os verdadeiros problemas. O excesso ou a falta de contribuições de amigos ou da família podem provocar adversidades. As coisas não são sempre boas.

POSIÇÃO 3

SUA BASE

Sua capacidade de irradiar amor, cordialidade e bondade é crucial para sua situação. Siga a capacidade revigorante do Sol. Apoie todos os esforços de crescimento. Compartilhe com todos as suas histórias de boa sorte e realizações.

POSIÇÃO 4

O QUE ESTÁ ATRÁS DE VOCÊ

Você está saindo de um período e de uma situação de amor, acolhimento, doações e boa vontade. Sinta-se envolvido por essa energia amorosa. Deixe que seus sucessos o fortaleçam; não perca tempo com os fracassos. Você tem uma boa base onde se apoiar.

POSIÇÃO 5

O QUE O REALIZA

Seria proveitoso irradiar e desfrutar de amor, acolhimento e energia criativa. Visualize-se como o Sol fornecendo a luz que torna a vida possível. Sinta essa luz preenchendo você e sua vida, eliminando a escuridão e a ignorância.

POSIÇÃO 6

O QUE ESTÁ DIANTE DE VOCÊ

Você logo ingressará em um período no qual tudo parece ensolarado e luminoso. O amor, as amizades ou um presente de alguém que o protege poderão fortalecer você ou sua criatividade. A família será mais importante do que nunca. Você poderá ir para um clima quente.

POSIÇÃO 7

POSIÇÃO 8 — COMO SE APRESENTAR

Apresente-se como um defensor daqueles que estão tentando crescer. Irradie amor, acolhimento e incentivos às pessoas que encontrar. Seja um exemplo radiante do melhor que você é capaz de se tornar. Demonstre otimismo, não importa o que aconteça.

POSIÇÃO 9 — COMO OS OUTROS O CONSIDERAM

Os outros o veem como portador de uma disposição radiante. Valorizam sua energia, criatividade e capacidade de irradiar amor e acolhimento. Você incentiva os esforços para o crescimento. Os céticos o veem como alguém muito otimista e orgulhoso.

POSIÇÃO 10 — SUAS ESPERANÇAS E MEDOS

Você tem esperança de que tudo seja radiante e luminoso, como em um livro infantil, mas receia que isso seja esperar demais. Para viver no paraíso, você precisa compreender que é o prazer de alcançar as metas que é importante.

POSIÇÃO 11 — O RESULTADO

Você ingressará em um período no qual tudo parece ensolarado e luminoso. O amor, as amizades ou um presente de alguém que o protege poderão fortalecer você ou sua criatividade. A família será mais importante do que nunca. Você poderá ir para um clima quente.

O JULGAMENTO

O AJUSTE DE CONTAS

VOCÊ

Você precisa avaliar as ações passadas para se conscientizar mais de quem você é e das suas metas decisivas. Esse ajuste de contas poderá surpreender e conduzir a várias conclusões, inícios e ao ressurgimento de coisas consideradas extintas ou resolvidas.

POSIÇÃO 1

O QUE O CERCA

Você precisa avaliar ações passadas, se conscientizar mais do que é real e de quais são suas metas decisivas. Revelações surpreendentes poderão conduzir a inícios, conclusões e ao ressurgimento de coisas anteriormente consideradas extintas ou resolvidas.

POSIÇÃO 2

POSIÇÃO 3 — O QUE O BLOQUEIA

O dano causado por críticas inadequadas ou pela recusa em despertar para o que é real pode bloquear o progresso. Você pode ser julgado e considerado culpado se desconsiderar a voz do seu Eu Superior e o preparo para um período de ajuste de contas.

POSIÇÃO 4 — SUA BASE

Sua capacidade de fazer um julgamento adequado é crucial para a situação. A tomada de decisão insatisfatória causa sofrimento. Uma pessoa sábia poderá ajudá-lo a desenvolver essa habilidade. Avalie as ações, os pontos fortes e os limites ultrapassados. Tenha um bom desempenho.

POSIÇÃO 5 — O QUE ESTÁ ATRÁS DE VOCÊ

A influência de um período de ajuste de contas está passando. Esse acerto de contas pode ter produzido revelações surpreendentes que conduziram a inícios, conclusões e ao ressurgimento de coisas consideradas extintas ou resolvidas.

POSIÇÃO 6 — O QUE O REALIZA

Seria produtivo fazer um esforço consciente para chegar a acordos e equilibrar o karma passado. Visualize um mensageiro angélico lembrando a todos que uma época de ajuste de contas e julgamento está próxima e que a expiação será requerida.

POSIÇÃO 7 — O QUE ESTÁ DIANTE DE VOCÊ

Você logo entrará em uma época de ajuste de contas e julgamento. Prepare-se para o ajuste e para que o passado seja equilibrado pelo karma. Revelações surpreendentes poderão conduzir a inícios, conclusões e ao ressurgimento de coisas passadas há muito tempo.

COMO SE APRESENTAR

Apresente-se como um mestre da arte da tomada de decisões. Certifique-se de que seu Eu Superior oriente seu julgamento. Procure ajustar as contas e equilibrar todo o karma passado. Uma pessoa sábia poderá ajudá-lo a desenvolver suas habilidades de tomada de decisões.

POSIÇÃO 8

COMO OS OUTROS O CONSIDERAM

Os outros o veem como alguém desejoso de acertar contas e equilibrar o karma passado. A maioria acha que você é guiado pelo seu Eu Superior. Outros pensam que seus julgamentos são motivados pelo ego. Alguns acham que você é o profeta da destruição.

POSIÇÃO 9

SUAS ESPERANÇAS E MEDOS

Você tem esperança de fazer ajustes de contas e equilibrar o karma passado, mas receia que a vontade ou os recursos para fazer isso possam não existir. Você gostaria de trazer à tona o que se extinguiu antes do tempo, mas teme as consequências de até mesmo tentar.

POSIÇÃO 10

O RESULTADO

Você entrará em uma época de ajuste de contas e julgamento. Prepare-se para o ajuste e para que o passado seja equilibrado pelo karma. Revelações surpreendentes poderão conduzir a inícios, conclusões e ao ressurgimento de coisas passadas há muito tempo.

POSIÇÃO 11

O MUNDO
O ÁPICE

VOCÊ

Você precisa alcançar um grau de entendimento que possibilite o avanço e a apreciação do verdadeiro sucesso. Esse raro período de ápice precisa ser identificado e reverenciado. Quando um ciclo termina, os hábitos inapropriados devem ser abandonados.

O QUE O CERCA

Você está cercado pela possibilidade de conhecer o melhor que o mundo tem a oferecer. O trabalho árduo agora compensa. Este é o momento de alcançar o progresso. Um ciclo importante termina enquanto um novo se inicia. Agarre este momento de apogeu.

O QUE O BLOQUEIA

A completude, ou incompletude, de um ciclo importante bloqueia o progresso. Há problemas com a progressão. Os hábitos antigos ou inapropriados podem interferir. Não faça planos com excessiva antecipação. O ápice produz novos desafios.

SUA BASE

Sua conscientização da natureza cíclica da existência e do desejo de avançar é crucial para a situação. O avanço para os níveis seguintes é requerido para que limites sejam ultrapassados. Saboreie o momento do apogeu.

O QUE ESTÁ ATRÁS DE VOCÊ

Um importante ciclo foi concluído e um novo nível foi alcançado. Assim como as estações do ano, o apogeu nos lembra da nossa eterna conexão com o mundo. Espere um momento com novas regras, métodos e desafios a serem aprendidos.

O QUE O REALIZA

Seria proveitoso conduzir as coisas a um nível mais apropriado às novas realidades da sua vida. Visualize o mundo evoluindo, divinamente guiado pelas mesmas forças que guiam sua evolução. Veja a perfeição do plano da vida.

O QUE ESTÁ DIANTE DE VOCÊ

Você logo alcançará um grau de realização e entendimento que possibilitará que avance para outro nível e desfrute recompensas físicas, mentais e espirituais. Saboreie este período de apogeu. Você é merecedor.

POSIÇÃO 8 — COMO SE APRESENTAR

Apresente-se como se completasse um estágio importante na sua evolução. Mostre que, depois de ter se graduado e saboreado esse período de ápice, está aguardando com prazer o próximo ciclo. Esteja mais atento a questões globais e de longo alcance.

POSIÇÃO 9 — COMO OS OUTROS O CONSIDERAM

Os outros o veem com alguém que alcançou um grau de realização e sabedoria que possibilita que desfrute as dádivas do mundo nos níveis físico, mental e espiritual. Você parece consciente de questões globais e de longo alcance.

POSIÇÃO 10 — SUAS ESPERANÇAS E MEDOS

Você espera alcançar um grau de realização e sabedoria que possibilita seu avanço, mas receia que não será capaz de transcender o ponto em que está agora. Você poderá temer deixar sua zona de conforto.

POSIÇÃO 11 — O RESULTADO

Você logo alcançará um grau de realização e entendimento que possibilitará que avance para outro nível e desfrute recompensas físicas, mentais e espirituais. Saboreie este período de apogeu. Você merece.

ÁS DE PAUS
A INICIAÇÃO

VOCÊ

Você precisa ser instintivo, criativo e impetuoso. Você está sendo iniciado. Não fique repensando suas decisões. Atenha-se às suas primeiras impressões. Dê o primeiro passo. Procure enxergar através de todas as ilusões. Você poderá vivenciar uma mudança radical.

POSIÇÃO 1

O QUE O CERCA

Você está cercado pela paixão e pela energia criativa. Um ardente magnetismo à sua volta consome a escuridão, possibilitando que perceba como iniciar a ação. Uma mudança radical pode estar ocorrendo.

POSIÇÃO 2

POSIÇÃO 3

O QUE O BLOQUEIA

Você pode ser impulsivo e agressivo demais ao lidar com uma nova paixão. Ou, então, talvez careça da energia necessária para começar um novo projeto. Procure não se esgotar emocionalmente. Você poderá ver o que estava por trás de uma situação complicada que, na verdade, tinha a intenção de protegê-lo. Um período de provações ou de iniciação talvez não tenha chegado ao fim, ou ainda cause dificuldades.

POSIÇÃO 4

SUA BASE

Ter vitalidade e entusiasmo para iniciar um novo projeto pode ser crucial para a situação. Dê o primeiro passo. Concentre sua energia e rompa todas as barreiras. Enxergue através da ilusão. Não critique a si mesmo ou a outras pessoas por ações passadas.

POSIÇÃO 5

O QUE ESTÁ ATRÁS DE VOCÊ

No passado, surgiu uma nova oportunidade para que você agisse. Se iniciou uma ação de maneira instintiva e sem pensar duas vezes, tudo está bem. Se não foi esse o caso, aja com cuidado e apenas se estiver certo do que o estimula. Poderá ser difícil romper a resistência ou sustentar sua paixão agora.

POSIÇÃO 6

O QUE O REALIZA

Seria proveitoso passar no teste e ser capaz de iniciar um novo projeto. Visualize-se como uma fênix ressurgindo das cinzas em uma explosão de poder e glória. Nada pode detê-lo enquanto rompe todas as ilusões.

O QUE ESTÁ DIANTE DE VOCÊ

Você logo estará envolvido no início de um novo e estimulante projeto. Seja impetuoso, espontâneo e criativo. Dê o primeiro passo. Siga suas primeiras impressões. Este é um momento de inícios, iniciação e de um grande avanço.

POSIÇÃO 7

COMO SE APRESENTAR

Apresente-se como uma pessoa agressiva, impetuosa, dinâmica e criativa que busca romper todos os limites. Mostre que você se sente inspirado a iniciar um novo projeto. Não hesite e nem critique a si mesmo por ações passadas.

POSIÇÃO 8

COMO OS OUTROS O CONSIDERAM

Os outros o consideram uma pessoa brilhante, entusiástica, dinâmica e criativa que busca romper as limitações. Alguns acham que você é animado e tem uma intensa força motivacional. Os tipos rígidos o veem como muito impulsivo e agressivo.

POSIÇÃO 9

SUAS ESPERANÇAS E MEDOS

Você tem esperança de saltar para outro nível de paixão e crescimento, e se sente pronto, disposto e capaz de fazer isso, mas receia estar sendo impulsivo demais. Talvez saia perdendo se não agir imediatamente. Teme não passar no teste.

POSIÇÃO 10

O RESULTADO

Você estará envolvido no início de um novo e estimulante projeto. Seja impetuoso, espontâneo e criativo. Dê o primeiro passo. Siga suas primeiras impressões. Este é um momento de inícios, iniciação e de um grande avanço.

POSIÇÃO 11

PAUS

DOIS DE PAUS

O PLANEJAMENTO

POSIÇÃO 1

VOCÊ

Você precisa fazer uma pausa e contemplar o ponto onde está, onde esteve e para onde está indo. Você se encontra em uma encruzilhada. Elabore um plano antes de tomar qualquer atitude. Está em uma posição de poder e pode tirar uma folga.

POSIÇÃO 2

O QUE O CERCA

Você está cercado pela necessidade de planejar para o crescimento, a renovação e a independência. Este é um momento para traçar planos amplos antes de ser obrigado a recuar para cuidar dos detalhes. As coisas estão agora em uma encruzilhada.

O QUE O BLOQUEIA

O planejamento, ou a falta dele, bloqueia o progresso. Dedicar tempo demais para deliberar ou ter excesso de planos e orientações é tão contraproducente quanto não fazer nenhum planejamento. Você está em uma encruzilhada.

POSIÇÃO 3

SUA BASE

Reservar algum tempo para avaliar o presente e planejar o futuro é crucial para sua situação. Livre de distrações, trace planos amplos e antecipe como cuidar de todos os detalhes. Você está em uma encruzilhada.

POSIÇÃO 4

PAUS

O QUE ESTÁ ATRÁS DE VOCÊ

No passado, você chegou a uma encruzilhada e teve a chance de avaliar sua situação e fazer planos para o futuro. Se fez isso, deve agora estar em uma posição de tomar boas decisões. Se não fez, talvez tenha que traçar planos enquanto faz outras coisas.

POSIÇÃO 5

O QUE O REALIZA

Seria proveitoso reservar algum tempo para elaborar seu plano. Visualize-se em uma nuvem contemplando sua situação. Observe sua realidade de um ângulo muito amplo. Veja o que está se aproximando de você.

POSIÇÃO 6

O QUE ESTÁ DIANTE DE VOCÊ

Você logo chegará a uma encruzilhada. Olhará para trás e para a frente, para onde deseja ir. Começará a elaborar um intenso plano para explorar muitas direções que podem se tornar estabelecidas, independentes e adequadas para expansão.

POSIÇÃO 7

POSIÇÃO 8 — COMO SE APRESENTAR

Apresente-se como uma pessoa calma, ponderada e pronta para se impor, caso necessário. Aja como se estivesse em uma posição firme, fosse independente e pudesse reservar um tempo para elaborar um intenso plano. Mostre que se encontra em uma encruzilhada, mas tem várias escolhas.

POSIÇÃO 9 — COMO OS OUTROS O CONSIDERAM

Os outros o veem como bem estabelecido e independente, em uma posição de poder e liderança. Eles o veem como alguém no controle de tudo o que você observa – forte, equilibrado e seguro dos seus planos. Alguns acham que você se encontra em uma encruzilhada crucial.

POSIÇÃO 10 — SUAS ESPERANÇAS E MEDOS

Você espera reservar algum tempo para descansar, analisar suas metas e elaborar novos planos, mas receia ter que preparar os detalhes antes de estar pronto. Pode temer que sua capacidade de planejamento ou senso de direção seja ineficiente.

POSIÇÃO 11 — O RESULTADO

Você chegará a uma encruzilhada. Olhará para trás e para a frente, para onde deseja ir. Começará a elaborar um intenso plano para explorar muitas direções que podem se tornar estabelecidas, independentes e adequadas para expansão.

TRÊS DE PAUS

A OPORTUNIDADE

VOCÊ

Você precisa se conscientizar mais das oportunidades que existem agora. Talvez não perceba todas elas. Para enxergar e aproveitar melhor essas oportunidades, precisa se concentrar, cooperar e permanecer com a mente aberta.

O QUE O CERCA

Você está cercado por oportunidades, tanto óbvias quanto ocultas. Não espere que cheguem a você em momentos, lugares específicos ou de forma previsível. Olhe para tudo como se pela primeira vez e as verá. Está na hora de se promover.

O QUE O BLOQUEIA

As oportunidades, ou a ausência delas, bloqueiam o progresso. Se houver um número excessivo delas, precisa escolher aquela que sensibiliza igualmente sua mente e seu coração. Se forem poucas, você precisa criar sua própria sorte. Talvez esteja perdendo uma oportunidade que está bem diante de você. Procure por ela.

POSIÇÃO 4 — SUA BASE

Sua capacidade de cooperar e de se concentrar enquanto permanece receptivo à oportunidade em qualquer situação ou lugar independentemente do modo como se apresente é crucial para a situação. Este é o momento de plantar as sementes do sucesso. Use todos os seus recursos.

POSIÇÃO 5 — O QUE ESTÁ ATRÁS DE VOCÊ

No passado, surgiram oportunidades para você de diversas maneiras. Se estava aberto a elas, você se beneficiou. Se você se recusou a enxergar aquelas que surgiram de forma pouco comum, desperdiçou tempo. Tenha a mente aberta agora, e não as deixará escapar de novo.

POSIÇÃO 6 — O QUE O REALIZA

Seria proveitoso enxergar e aproveitar todas as oportunidades à sua volta. Visualize sua situação como se você fosse uma criança, vendo-a pela primeira vez. Não presuma nada. Questione tudo e todos. A mente do iniciante é uma ferramenta do especialista.

POSIÇÃO 7 — O QUE ESTÁ DIANTE DE VOCÊ

Você logo se conscientizará de pelo menos uma grande oportunidade. Ela poderá não surgir na forma que você espera. Se ficar alerta, receptivo e disposto a cooperar, realizará seu desejo. O momento de conhecer um excelente companheiro de divertimento, e talvez até sua alma gêmea, pode estar se aproximando.

COMO SE APRESENTAR

Apresente-se como uma oportunidade que espera ser adequadamente explorada. Mostre que é criativo, inventivo e tem a mente aberta. Combine a receptividade infantil com a praticabilidade e a cooperação. Mostre que poderia ser um excelente amigo e talvez mais do que isso.

POSIÇÃO 8

COMO OS OUTROS O CONSIDERAM

Os outros o veem como uma oportunidade que espera ser adequadamente explorada. Você parece ser criativo, inventivo e ter a mente aberta. Combina a receptividade infantil com a praticabilidade e a cooperação. Você dá a impressão de que poderia ser um excelente amigo ou talvez mais do que isso.

POSIÇÃO 9

SUAS ESPERANÇAS E MEDOS

Você tem esperança de que uma nova e estimulante oportunidade surja na sua vida e dê certo, mas receia que isso possa não acontecer. Abrace o desconhecido. É de onde vêm as oportunidades. Talvez tenha medo de um amigo, ou tenha medo por ele.

POSIÇÃO 10

O RESULTADO

Você se conscientizará de pelo menos uma grande oportunidade. Ela poderá não surgir na forma que você espera. Se ficar alerta, receptivo e disposto a cooperar, realizará seu desejo. O momento de conhecer um excelente companheiro de divertimento, e talvez até sua alma gêmea, pode estar se aproximando.

POSIÇÃO 11

PAUS

QUATRO DE PAUS
A CONCLUSÃO

VOCÊ

POSIÇÃO 1

Você precisa formalmente reconhecer e celebrar a conclusão de um importante plano de ação. Agradeça o apoio, a amizade e as coisas boas na sua vida. Desfrute de apoio recíproco com a outra pessoa. Sinta-se completo.

O QUE O CERCA

POSIÇÃO 2

Você está cercado pela harmonia e pelo apoio. Parceiros leais proporcionam benefício. Há um sentimento de celebração, realização e otimismo. Você está cercado pelo tipo de felicidade que precisa ser compartilhada para ser conhecida.

O QUE O BLOQUEIA

Um negócio precisa ser fechado antes de ser celebrado. Se você se concentrar demais no objetivo, não levará o processo em conta. A falta de habilidade em terminar o que começa, ou se comprometer, demonstra medo de ser julgado ou de seguir adiante com a vida. Antigos problemas de relacionamento podem voltar à tona.

SUA BASE

Seu empenho em concluir as coisas é crucial para a situação. Seja solidário e cultive relacionamentos harmoniosos. Seja otimista e grato para formar uma base sólida. Permaneça com parceiros leais.

O QUE ESTÁ ATRÁS DE VOCÊ

No passado, você viu os resultados de se mostrar empenhado em concluir as coisas. Se evitou obrigações, você desperdiçou tempo. Cultive relacionamentos harmoniosos agora e terá benefícios no futuro.

O QUE O REALIZA

Seria proveitoso celebrar e agradecer a sua boa sorte. Visualize um arco-íris e um pássaro cantando um canto de gratidão ao mundo, uma recompensa por um trabalho bem-feito. Compartilhe a doçura do mundo.

O QUE ESTÁ DIANTE DE VOCÊ

Você em breve desfrutará a satisfação de ter concluído um importante plano de ação. Seu trabalho árduo terá compensação. Parceiros leais cumprirao a parte deles. Demonstraçoes de gratidao poderao ser trocadas para homenagear o que foi alcançado.

POSIÇÃO 8 — COMO SE APRESENTAR

Apresente-se como uma pessoa grata, tranquila e segura, alguém capaz de fechar um negócio, cumprir obrigações e concluir coisas. Demonstre que você está aprendendo a ter um relacionamento solidário.

POSIÇÃO 9 — COMO OS OUTROS O CONSIDERAM

Os outros o consideram uma pessoa grata, tranquila e segura, que é capaz de fechar um negócio, cumprir obrigações e concluir coisas. Eles o veem como alguém aprendendo a ter um relacionamento solidário.

POSIÇÃO 10 — SUAS ESPERANÇAS E MEDOS

Você tem esperança de que seu trabalho tenha criado uma base forte, uma base que possa, finalmente, ser celebrada, mas tem medo de estar sendo muito otimista. Talvez tenha receio do compromisso e da conclusão. Ou pode ter medo do processo de envelhecer ao lado de alguém especial.

POSIÇÃO 11 — O RESULTADO

Você desfrutará a satisfação de ter concluído um importante plano de ação. Seu trabalho árduo terá compensação. Parceiros leais cumprirão a parte deles. Demonstrações de gratidão poderão ser trocadas para homenagear o que foi alcançado.

CINCO DE PAUS
A COMPETIÇÃO

VOCÊ

Você precisa experimentar o que a competição realmente significa e requer. Respeite seu oponente, mas defenda seu ponto de vista. Recuse-se a ser uma vítima. Lute contra a tendência de sentir frustração, raiva, ódio e preconceito.

POSIÇÃO 1

O QUE O CERCA

Você está cercado por uma atmosfera de competitividade, frustração e raiva. Isso poderá feri-lo ou fortalecer sua determinação de defender a si mesmo. Lute contra a tendência de sentir preconceito e ódio, caso contrário também irão feri-lo.

POSIÇÃO 2

POSIÇÃO 3 — O QUE O BLOQUEIA

Ser competitivo demais ou pouco competitivo pode bloqueá-lo. A raiva e a frustração podem impedi-lo de agir com eficiência. Reconheça o ódio e o preconceito em si mesmo e nos outros, e elimine-os.

POSIÇÃO 4 — SUA BASE

Sua capacidade de competir ao mesmo tempo que respeita seu adversário é crucial para a situação. Embora esteja zangado e frustrado, nunca deixe que o ódio, o medo ou o preconceito destruam sua razão. A competição é uma ferramenta para o autoaperfeiçoamento.

POSIÇÃO 5 — O QUE ESTÁ ATRÁS DE VOCÊ

No passado, você viu os resultados da competição. Se você permitiu que a frustração se transformasse em ódio, raiva e preconceito, desperdiçou seu tempo. Elimine o desejo de vingança. Respeite seu oponente agora e você será favorecido.

POSIÇÃO 6 — O QUE O REALIZA

Seria proveitoso ser competitivo ao mesmo tempo que respeita seu adversário. Visualize-se na situação do adversário e veja como seria assumir o ponto de vista dele. Veja qual seria sua posição a partir desse outro ponto de vista.

POSIÇÃO 7 — O QUE ESTÁ DIANTE DE VOCÊ

Você logo experimentará o que a competição realmente significa e requer. Respeite seu adversário, mas defenda seu ponto de vista. Recuse-se a ser uma vítima. Lute contra a frustração, a raiva, o ódio e o preconceito, caso contrário também irão feri-lo.

COMO SE APRESENTAR

Apresente-se como um adversário respeitável que sabe demonstrar respeito pelo oponente ao mesmo tempo que defende seu ponto de vista. Mostre que compreende que deve lutar contra a frustração, a raiva, o ódio e o preconceito ou sofrê-los.

POSIÇÃO 8

COMO OS OUTROS O CONSIDERAM

Os outros o veem como a competição. Você não parece disposto a conceder a derrota ou mesmo a fazer concessões. Alguns o consideram irascível, preconceituoso, frustrado ou odioso. Mesmo que isso não seja verdade, ainda assim você não consegue convencê-los a ver as coisas da sua maneira.

POSIÇÃO 9

SUAS ESPERANÇAS E MEDOS

Você tem esperança de competir diretamente e vencer, mas receia não ser capaz disso. Não deixe que o medo se transforme em raiva e preconceito. Vencer por meio do logro lhe custará mais no final. Você poderá temer um competidor ou temer por ele.

POSIÇÃO 10

O RESULTADO

Você experimentará o que a competição realmente significa e requer. Respeite seu adversário, mas defenda seu ponto de vista. Recuse-se a ser uma vítima. Lute contra a frustração, a raiva, o ódio e o preconceito, caso contrário também irão feri-lo.

POSIÇÃO 11

SEIS DE PAUS
A VITÓRIA

POSIÇÃO 1

VOCÊ

Você precisa saber o que a vitória realmente significa e requer. Você é um vencedor, mas a vitória durará mais tempo se realmente desejar o que está tentando obter. Compartilhe seu sucesso com seus admiradores e posicione-se para o próximo desafio.

POSIÇÃO 2

O QUE O CERCA

Você está cercado pela atmosfera de um vencedor. Sua vitória é real, mas ela durará mais se realmente desejar o que está tentando obter. Compartilhe seu sucesso com seus admiradores e posicione-se para o próximo desafio.

O QUE O BLOQUEIA

A vitória, ou a ausência dela, bloqueia o progresso. Se você se concentrar em vencer, não levará o jogo em consideração. A vitória é efêmera e às vezes pode até mesmo levá-lo a sofrer uma perda. Certifique-se de que deseja aquilo pelo que está lutando. Você ainda não venceu.

POSIÇÃO 3

SUA BASE

Sua capacidade de usar a vitória em seu benefício é crucial para a situação. A vitória durará mais se for compartilhada com todos que a fizeram acontecer. Eles podem então ajudá-lo a se preparar para futuros desafios. Certifique-se de que deseja aquilo que está tentando obter.

POSIÇÃO 4

PAUS

O QUE ESTÁ ATRÁS DE VOCÊ

No passado, você viu os resultados de ser vitorioso. Se agiu como se a vitória fosse durar para sempre, você desperdiçou tempo. Se compartilhou o sucesso, fez amigos e aliados, você está bem posicionado agora para desfrutar outra vitória.

POSIÇÃO 5

O QUE O REALIZA

Seria proveitoso assegurar sua futura vitória. Visualize-se como já tendo vencido. Sinta a vitória. Ajuste sua atitude, se necessário. Faça planos para consolidar os ganhos e prepare-se para futuros desafios.

POSIÇÃO 6

O QUE ESTÁ DIANTE DE VOCÊ

Você logo saberá o que a vitória realmente significa e requer. Finalmente poderá vencer. Sua vitória durará mais tempo se for compartilhada com todos os que a fizeram acontecer. Eles poderão então ajudá-lo a se preparar para desafios futuros. O foco da atenção estará em você.

POSIÇÃO 7

POSIÇÃO 8 — COMO SE APRESENTAR

Apresente-se como alguém que foi vitorioso e sabe por quê. Reconheça aqueles que podem ajudá-lo a enfrentar o próximo desafio. Celebre sua vitória. Mostre que embora saiba como ela é efêmera, você pode alcançá--la novamente.

POSIÇÃO 9 — COMO OS OUTROS O CONSIDERAM

Os outros o veem como alguém que foi vitorioso e sabe por quê. Eles sabem que você valoriza aqueles que o ajudaram e podem ajudá-lo com futuros desafios. Todos adoram um vencedor. Eles querem ajudá-lo a celebrar.

POSIÇÃO 10 — SUAS ESPERANÇAS E MEDOS

Você tem esperança de alcançar a vitória, mas teme que, talvez, não consiga. Finalmente poderá vencer. Ou então, você poderá ter medo das mudanças que a vitória causará na sua vida. Poderá ter medo de admitir que a vitória, assim como a própria vida, é efêmera, porque isso talvez interrompa sua intensa busca.

POSIÇÃO 11 — O RESULTADO

Você saberá o que a vitória realmente significa e requer. Finalmente poderá vencer. Sua vitória durará mais tempo se for compartilhada com todos os que a fizeram acontecer. Eles poderão então ajudá-lo a se preparar para desafios futuros. O foco da atenção estará em você.

SETE DE PAUS
A CORAGEM

VOCÊ

Você precisa saber o que coragem realmente significa. Siga adiante apesar dos seus medos. Defenda as coisas que ama. Não comprometa sua posição. Talvez precise agir de modo independente. Saia de trás das suas defesas e aja.

POSIÇÃO 1

O QUE O CERCA

Você está cercado por uma atmosfera de coragem e bravura. O que é valioso está sendo defendido. Posições não serão abandonadas sem luta. Existe a disposição de agir de modo independente. Siga em frente apesar dos seus medos.

POSIÇÃO 2

POSIÇÃO 3 — O QUE O BLOQUEIA

A coragem, ou a falta dela, bloqueia seu progresso. Talvez esteja superestimando uma ameaça a você e ao que ama. Ou, então, talvez não saiba que valentia significa avançar apesar do medo. Você pode estar na defensiva sem motivo.

POSIÇÃO 4 — SUA BASE

A coragem é crucial para sua situação. É fundamental avançar apesar dos seus medos. Defenda as coisas que ama. Não comprometa sua posição. Talvez seja necessário agir de modo independente. Saia de trás das suas defesas e aja.

POSIÇÃO 5 — O QUE ESTÁ ATRÁS DE VOCÊ

No passado, você viu o que é necessário para demonstrar verdadeira coragem. Se deixar o medo impedi-lo de avançar, seu tempo será desperdiçado. As lições daquele período poderão ajudá-lo se as aplicar agora. Derrube as defesas com amor e confiança.

POSIÇÃO 6 — O QUE O REALIZA

Seria proveitoso exibir uma verdadeira coragem. Visualize-se diante do muro da sua fortaleza, ocupando todos os cantos. Sinta-se extraindo uma força invencível da retidão da sua causa. Veja seus oponentes caindo diante de você.

POSIÇÃO 7 — O QUE ESTÁ DIANTE DE VOCÊ

Você logo saberá o que a coragem significa e requer. Avançará apesar dos seus medos e defenderá as coisas que você preza, sem fazer concessões. Se necessário, talvez tenha que se mostrar disposto a agir de modo independente. Imponha-se.

COMO SE APRESENTAR

Apresente-se como alguém que sabe o que a coragem significa. Avance apesar do medo. Defenda o que precisa ser defendido. Não comprometa sua posição. Se necessário, você precisa estar disposto a agir de modo independente. Imponha-se.

COMO OS OUTROS O CONSIDERAM

Os outros o consideram corajoso. Sabem que você seguirá em frente apesar dos seus medos, defenderá as coisas que preza, sem fazer concessões, e agirá de modo independente, caso necessário. Aqueles que não se sentem à vontade com a ambição, não gostarão de você.

SUAS ESPERANÇAS E MEDOS

Você espera poder exibir uma verdadeira coragem, mas receia não ser capaz de desconsiderar seus medos e seguir em frente. Talvez receie a agressão ou acredite que a defesa não seja muito espiritual. Aprenda por que as artes marciais são uma forma elevada de espiritualidade.

O RESULTADO

Você saberá o que a coragem significa e requer. Avançará apesar dos seus medos e defenderá as coisas que você preza, sem fazer concessões. Se necessário, talvez tenha que se mostrar disposto a agir de modo independente. Imponha-se.

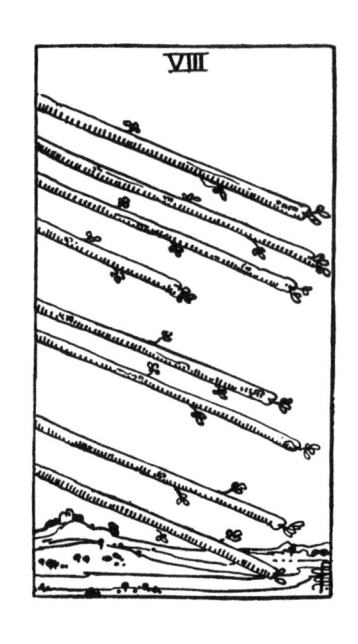

OITO DE PAUS

OS SINAIS

POSIÇÃO 1

VOCÊ

Você precisa deixar suas intenções muito claras antes de agir. Os planos, orientações e mensagens de amor, romance e apreço precisam ser comunicados e compreendidos. Faça isso, e faça agora. Não desperdice tempo.

POSIÇÃO 2

O QUE O CERCA

Você está cercado por sinais e símbolos que estão mostrando o que está acontecendo à sua volta. Use seus sentidos, sua lógica e sua intuição para saber o que realmente está sendo mostrado. Faça isso, e faça agora. Não desperdice tempo.

O QUE O BLOQUEIA

Os problemas de comunicação bloqueiam o progresso. Preste muita atenção. Revelar demais ou muito pouco é tão ruim quanto revelar uma coisa cedo demais ou tarde demais. A falta de habilidade em deixar claras as intenções, românticas ou de outro tipo, desperdiça tempo. Tome medidas para que os sinais não se cruzem.

POSIÇÃO 3

SUA BASE

Garantir que suas intenções sejam claras e compreendidas antes que uma iniciativa seja tomada é crucial para sua situação. Todos os envolvidos precisam saber quão reconhecidos ou amados eles são. Mantenha o fluxo das comunicações.

POSIÇÃO 4

O QUE ESTÁ ATRÁS DE VOCÊ

No passado, as intenções devem ter sido claramente comunicadas e compreendidas antes de medidas terem sido tomadas. Se isso não aconteceu, tempo foi desperdiçado. Aplique as lições daquela época à situação atual. Mantenha as comunicações fluindo agora.

POSIÇÃO 5

O QUE O REALIZA

Seria proveitoso que as intenções fossem claramente comunicadas e compreendidas antes que medidas fossem tomadas. Visualize uma luz conectando seu coração ao coração ou núcleo do que, ou de quem, precisa ser alcançado. Veja os dois corações batendo em uníssono.

POSIÇÃO 6

O QUE ESTÁ DIANTE DE VOCÊ

Você logo garantirá que todas as suas intenções, tanto românticas quanto de outro tipo, estejam perfeitamente claras. Planos e orientações serão trocados, assim como mensagens de amor e apreço. O fluxo das comunicações será mantido.

POSIÇÃO 7

PAUS

POSIÇÃO 8

COMO SE APRESENTAR

Apresente-se como alguém que sabe como é importante que todas as intenções, românticas ou de outro tipo, sejam comunicadas e compreendidas antes que medidas sejam tomadas. Torne-se versado em um novo método de comunicação.

POSIÇÃO 9

COMO OS OUTROS O CONSIDERAM

Os outros o consideram uma pessoa que sabe como é importante que todas as intenções, românticas ou de outro tipo, sejam comunicadas e compreendidas antes que medidas sejam tomadas. As pessoas taciturnas poderão achar que você fala um pouco demais.

POSIÇÃO 10

SUAS ESPERANÇAS E MEDOS

Você espera que todas as suas intenções, românticas e de outro tipo, sejam compreendidas e comunicadas, mas receia que isso talvez não aconteça. Talvez tenha medo de expressar seu apreço. Você poderá temer um colapso nas comunicações.

POSIÇÃO 11

O RESULTADO

Você garantirá que todas as suas intenções, tanto românticas quanto de outro tipo, estejam perfeitamente claras. Planos e orientações serão trocados, assim como mensagens de amor e apreço. O fluxo das comunicações será mantido.

NOVE DE PAUS

A DISCIPLINA

VOCÊ

Você precisa ser disciplinado. A força da sua vontade, do seu caráter e do seu corpo poderá ser testada em breve. Concentre e preserve seus recursos agora para defender com segurança sua posição mais tarde. Permaneça fiel ao seu propósito.

POSIÇÃO 1

O QUE O CERCA

Você está cercado por uma atmosfera de disciplina e autoconfiança. Há muita energia reservada, no entanto, o prazer pode ser adiado. Uma posição precisa ser defendida a todo custo. É fundamental permanecer fiel a um propósito.

POSIÇÃO 2

POSIÇÃO 3 — O QUE O BLOQUEIA

A disciplina, ou a falta dela, bloqueia o progresso. Ser muito disciplinado – negar as verdadeiras necessidades ou ser rígido – pode causar problemas. No entanto, ser autoindulgente em excesso e indisciplinado também desperdiça tempo. Permaneça fiel à sua causa.

POSIÇÃO 4 — SUA BASE

Ser disciplinado e desenvolver força de caráter, de vontade e física é crucial para a situação. Recursos precisam ser preservados para que sua posição possa ser defendida com segurança. Permaneça fiel ao seu propósito.

POSIÇÃO 5 — O QUE ESTÁ ATRÁS DE VOCÊ

No passado, a disciplina e a abnegação deveriam ter sido usadas para fortalecer a vontade, o caráter e o físico. Se isso não ocorreu, houve desperdício de tempo. Aplique as lições daquela época a esta situação. A influência daquela época está chegando ao fim.

POSIÇÃO 6 — O QUE O REALIZA

Seria proveitoso ser disciplinado o bastante para fazer o que sabe que precisa ser feito. Visualize-se nas forças armadas recebendo uma ordem direta que você não tem escolha a não ser obedecer. Compreenda que você tem o poder de dar essa ordem.

POSIÇÃO 7 — O QUE ESTÁ DIANTE DE VOCÊ

Você logo apreciará a sabedoria de ser disciplinado. Talvez adie prazeres de curto prazo em prol de metas de longo prazo. Poderá ver uma razão para defender e preservar sua posição e seus recursos. Você permanecerá fiel à sua causa atual.

COMO SE APRESENTAR

Apresente-se como uma pessoa forte e disciplinada, disposta a adiar prazeres de curto prazo em prol de metas de longo prazo. Demonstre que sabe ser leal. Defenda e preserve sua posição e seus recursos.

POSIÇÃO 8

COMO OS OUTROS O CONSIDERAM

Os outros o consideram uma pessoa forte, leal e disposta a adiar os prazeres de curto prazo em prol de metas de longo prazo. A maioria sabe que você defenderá e preservará sua posição ou seus recursos. Alguns acham que você é rígido demais.

POSIÇÃO 9

SUAS ESPERANÇAS E MEDOS

Você espera poder ser disciplinado o bastante para fazer o que precisa ser feito, mas receia não ser capaz de fazer isso. Talvez tenha medo de que, ao ser disciplinado, os prazerem precisem ser adiados. Isso é verdade. Talvez tenha medo da necessidade de obedecer a uma ordem.

POSIÇÃO 10

O RESULTADO

Você apreciará a sabedoria de ser disciplinado. Talvez adie prazeres de curto prazo em prol de metas de longo prazo. Poderá ver uma razão para defender e preservar sua posição e seus recursos. Você permanecerá fiel à sua causa atual.

POSIÇÃO 11

DEZ DE PAUS

A OPRESSÃO

POSIÇÃO 1

VOCÊ

Você precisa parar de trabalhar de modo exaustivo. Se não consegue parar, então conserve sua energia e procure reduzir o ritmo. Quando se compromete em excesso, tudo se torna exaustivo. Adie a tomada de decisões se a fadiga prejudicar o bom senso.

POSIÇÃO 2

O QUE O CERCA

Você está cercado por forças de opressão que exigem mais do que você pode dar. Embora comprometido em excesso, você precisa prosseguir, fazendo o que deve ser feito, e não o que quer. Conserve sua energia e procure reduzir o ritmo.

O QUE O BLOQUEIA

Forças opressivas bloqueiam seu progresso. O excesso de trabalho e o empenho excessivo podem esgotá-lo e levá-lo a tomar decisões ruins. Conserve a energia e procure reduzir o ritmo. Fazer o que deve ser feito, sem motivação, também pode desperdiçar tempo. Tome suas decisões quando não estiver exausto.

POSIÇÃO 3

SUA BASE

Sua capacidade de seguir em frente apesar de exausto e comprometido em excesso é crucial para a situação. As metas precisam ser claramente definidas para que nenhuma gota de energia seja desperdiçada. Conserve sua energia e procure reduzir o ritmo.

POSIÇÃO 4

O QUE ESTÁ ATRÁS DE VOCÊ

No passado, você vivenciou os resultados do excesso de trabalho e de condições opressivas. Pode ter ficado tão esgotado que não conseguiu elaborar nenhum plano. Agora dedique tempo à renovação da sua energia e espírito e você será imensamente favorecido.

POSIÇÃO 5

O QUE O REALIZA

Poderia ser proveitoso encontrar maneiras de lidar com o excesso de trabalho, o excesso de compromisso e as condições opressivas. Visualize-se extraindo uma energia suficiente do universo para enfrentar este período. Compreenda que você não pode fazer o que deseja neste momento.

POSIÇÃO 6

O QUE ESTÁ DIANTE DE VOCÊ

Você logo encontrará condições opressivas. O excesso de trabalho e de compromisso poderá esgotá-lo e impedir a lucidez de raciocínio. Conserve a energia, procure reduzir o ritmo, defina claramente as metas e faça o que for necessário para superar as dificuldades.

POSIÇÃO 7

PAUS

POSIÇÃO 8 — COMO SE APRESENTAR

Apresente-se como alguém que está muito ocupado. Mostre que está tão sobrecarregado e comprometido que mal tem energia e recursos suficientes para atravessar este período. Não tome decisões ou assuma qualquer coisa nova neste momento.

POSIÇÃO 9 — COMO OS OUTROS O CONSIDERAM

Os outros o veem como uma pessoa muito ocupada. Sabem que você está tão sobrecarregado e comprometido que mal tem energia e recursos suficientes para atravessar este período. Não é o momento para tomar decisões.

POSIÇÃO 10 — SUAS ESPERANÇAS E MEDOS

Você espera que um ou mais dos assuntos que requerem sua atenção total terão resultados compensadores, mas receia ser esmagado pelos compromissos se isso acontecer, ou mesmo que não aconteça. Talvez receie que forças opressivas restrinjam sua liberdade.

POSIÇÃO 11 — O RESULTADO

Você encontrará condições opressivas. O excesso de trabalho e de compromisso poderá esgotá-lo e impedir a lucidez de raciocínio. Conserve a energia, procure reduzir o ritmo, defina claramente as metas e faça o que for necessário para superar as dificuldades.

VALETE DE PAUS

A IMPULSIVIDADE

VOCÊ

Você precisa ser positivo e espontâneo, mas não impulsivo. Seu entusiasmo impressiona os outros, mas a impaciência e a rapidez com que você fica com raiva ou perde o interesse podem ter um custo e desperdiçar tempo. Suas ações falam mais do que suas palavras.

POSIÇÃO 1

O QUE O CERCA

Você está cercado pela impulsividade e entusiasmo que podem se transformar em impaciência, raiva e um comportamento dramático se perder o controle. A notícia de uma oportunidade está próxima. Um jovem rude, impetuoso ou impulsivo poderá ajudar ou precisar de ajuda.

POSIÇÃO 2

POSIÇÃO 3 — O QUE O BLOQUEIA

A impulsividade bloqueia seu progresso. A impaciência ou as ações precipitadas e imaturas podem desperdiçar tempo. A falta de espontaneidade e entusiasmo também é limitante. Um jovem rude, impetuoso ou impulsivo pode ser o problema.

POSIÇÃO 4 — SUA BASE

Sua capacidade de ser espontâneo e vigoroso enquanto se protege da raiva, da impaciência, da impulsividade, da inconstância e de outros sinais de imaturidade é crucial para a situação. Lidar com a falta de tato de uma pessoa jovem é fundamental.

POSIÇÃO 5 — O QUE ESTÁ ATRÁS DE VOCÊ

No passado, você viu como a impaciência e os atos precipitados e impulsivos podiam transformar a espontaneidade e o entusiasmo em inconstância e falta de tato. Aplique essas lições agora. A influência de uma pessoa jovem e impulsiva pode estar chegando ao fim.

POSIÇÃO 6 — O QUE O REALIZA

Poderia ser proveitoso manter a espontaneidade e o vigor sem ser impulsivo ou instável. Visualize-se em uma festa para promover a si mesmo e sua causa, socializando-se, porém, mantendo sua meta em mente enquanto se distrai.

POSIÇÃO 7 — O QUE ESTÁ DIANTE DE VOCÊ

Você logo encontrará ou terá que agir como uma pessoa espontânea e vigorosa. Tome cuidado para que a impulsividade não se transforme em falta de tato, raiva e um comportamento dramático se você perder o controle da situação.

COMO SE APRESENTAR

Apresente-se como uma pessoa espontânea, vigorosa e pronta para reagir de imediato a qualquer situação. Leve energia a tudo que fizer, embora tenha que ser rude ao fazer isso. Talvez você tenha que parecer impaciente e impulsivo.

POSIÇÃO 8

COMO OS OUTROS O CONSIDERAM

Os outros o consideram espontâneo, vigoroso e pronto para reagir rapidamente a qualquer coisa. A maioria acha que você leva energia a tudo o que faz. Alguns o consideram sem tato, imaturo, impulsivo e inconstante, incapaz de terminar o que começa.

POSIÇÃO 9

SUAS ESPERANÇAS E MEDOS

Você tem esperança de ser espontâneo e vigoroso, mas tem medo de parecer impulsivo, impaciente ou imaturo. Você receia perder suas inibições ou o seu vigor juvenil. Pode temer uma pessoa jovem e impulsiva, ou temer por ela.

POSIÇÃO 10

O RESULTADO

Você encontrará ou terá que agir como uma pessoa espontânea e vigorosa. Tome cuidado para que a impulsividade não se transforme em falta de tato, raiva e um comportamento dramático se você perder o controle da situação.

POSIÇÃO 11

PAUS

CAVALEIRO DE PAUS

A AMBIÇÃO

POSIÇÃO 1

VOCÊ

Você precisa se deslocar de onde está agora para onde sabe que deveria estar e, assim, melhorar sua atuação no mundo. Não há nada errado com a ambição. Seja um pioneiro. Assuma riscos calculados. Não se vanglorie, apenas faça o que deve ser feito.

POSIÇÃO 2

O QUE O CERCA

Você está cercado pela ambição. A motivação para avançar é grande. É preciso que haja uma troca de favores, caso contrário haverá disputas, especialmente se a autoridade for questionada. Uma pessoa jovem e ambiciosa poderá ajudar ou precisar de ajuda.

O QUE O BLOQUEIA

A ambição, ou a falta dela, bloqueia seu progresso. O excesso de ambição pode fazer com que verdadeiras oportunidades sejam perdidas. A falta de ambição também desperdiça tempo. A mudança pode causar problemas. Ou então, uma pessoa jovem e ambiciosa pode ser o problema.

POSIÇÃO 3

SUA BASE

Sua capacidade de estar bem em plena atividade ou em um cenário instável é crucial para sua situação. Aproveite ao máximo os contatos. Evite disputas e não se vanglorie. Lidar com as ambições de uma pessoa jovem é fundamental.

POSIÇÃO 4

PAUS

O QUE ESTÁ ATRÁS DE VOCÊ

No passado, você viu que o ego e a ambição eram motivadores, mas também causavam problemas. Medidas tomadas naquela época afetam a situação atual para o bem ou para o mal. Aja com cuidado agora. A influência de uma pessoa jovem pode estar diminuindo.

POSIÇÃO 5

O QUE O REALIZA

Seria proveitoso que suas ambições se tornassem sua realidade. Visualize-se vivendo a vida da maneira como gostaria que ela fosse. Visualize seu sonho realizado e sinta as emoções que virão. Mantenha esses sentimentos aonde quer que você vá.

POSIÇÃO 6

O QUE ESTÁ DIANTE DE VOCÊ

Você logo encontrará uma pessoa ambiciosa, muito ativa e dinâmica ou terá que agir como uma. Poderá mudar de residência ou de trabalho. A mudança poderá estimular a irritabilidade e as disputas. Permaneça calmo. Uma postura apaixonada e pioneira poderá levá-lo longe.

POSIÇÃO 7

POSIÇÃO 8 — COMO SE APRESENTAR

Apresente-se como uma pessoa ambiciosa que deseja avançar para o melhor lugar possível. Demonstre que está agindo de modo audacioso para ser o primeiro na sua área e está disposto a correr riscos calculados. Não tenha medo de ser passional.

POSIÇÃO 9 — COMO OS OUTROS O CONSIDERAM

Os outros o consideram uma pessoa ambiciosa. Você parece ser ativo e dinâmico. Parece passional e disposto a correr riscos calculados. Alguns o consideram incapaz de criar raízes. Outros o veem como um exibicionista arrogante e briguento.

POSIÇÃO 10 — SUAS ESPERANÇAS E MEDOS

Você espera satisfazer suas ambições, mas receia as mudanças drásticas que ocorreriam na sua vida. Pode ter receio de que sair de onde está agora não tornaria sua vida melhor. Pode temer uma pessoa jovem e ambiciosa, ou temer por ela.

POSIÇÃO 11 — O RESULTADO

Você encontrará uma pessoa ambiciosa, muito ativa e dinâmica ou terá que agir como uma. Poderá mudar de residência ou de trabalho. A mudança talvez estimule a irritabilidade e as disputas. Permaneça calmo. Uma postura apaixonada e pioneira poderá levá-lo longe.

RAINHA DE PAUS

A INSPIRAÇÃO

VOCÊ

Você precisa inspirar os outros. Seja uma pessoa carismática e segura de si que sabe como as coisas têm que ser feitas. Comporte-se com a dignidade da realeza. As festas e outras reuniões serão vantajosas. Encontre um projeto criativo que o ocupe por completo.

POSIÇÃO 1

O QUE O CERCA

Você está cercado por uma atmosfera de carisma e autoconfiança. Não há falta de orientação ou de orientadores. Os negócios e as finanças estão favorecidos. A lealdade e a energia são abundantes. Uma pessoa inspiradora poderá ajudar ou precisar de ajuda.

POSIÇÃO 2

POSIÇÃO 3 — O QUE O BLOQUEIA

A inspiração, ou a falta dela, pode bloquear o progresso. A inspiração sem um trabalho árduo não realiza nada. A falta de inspiração é enfadonha e desperdiça tempo. Uma pessoa inspiradora e carismática poderá ser a causa das suas dificuldades.

POSIÇÃO 4 — SUA BASE

Sua capacidade de ser inspirado e servir de inspiração é crucial para a situação. Uma pessoa carismática e autoconfiante poderá conduzir muito bem um projeto essencialmente importante. Lidar com a inspiração de um grupo de pessoas é fundamental. Não favoreça ninguém.

POSIÇÃO 5 — O QUE ESTÁ ATRÁS DE VOCÊ

No passado, você viu os benefícios e as desvantagens de ser inspirado. Se sua inspiração não foi realizada ou provocou hostilidade, houve desperdício de tempo. Aplique agora as lições daquela época. A inspiração do passado está diminuindo.

POSIÇÃO 6 — O QUE O REALIZA

Seria proveitoso ser ao mesmo tempo inspirado e servir de inspiração. Visualize-se como parte integrante da realeza da Vida. Sinta a energia inspiradora do universo circulando através de você. Se a sua pele ficar arrepiada, você está conectado.

POSIÇÃO 7 — O QUE ESTÁ DIANTE DE VOCÊ

Você logo encontrará uma pessoa carismática e autoconfiante que sabe como as coisas têm que ser feitas, ou terá que agir como uma. Poderá se deparar com uma situação, causa ou projeto criativo que, na essência, o inspire a entrar em ação.

COMO SE APRESENTAR

Apresente-se como uma pessoa carismática e autoconfiante que sabe como as coisas têm que ser feitas. Demonstre que você é leal, tem uma excelente habilidade nos negócios e seu nível de energia é constante. Compareça a reuniões sociais e distraia-se.

POSIÇÃO 8

COMO OS OUTROS O CONSIDERAM

Os outros o consideram uma pessoa inspiradora e vigorosa que sabe como a vida funciona e como fazer as coisas acontecerem. Você pode às vezes parecer um pouco autoritário, porém leal e habilidoso nos negócios. Você sempre parece disposto a apoiar uma causa digna.

POSIÇÃO 9

SUAS ESPERANÇAS E MEDOS

Você espera poder ser inspirado e servir de inspiração aos outros, porém receia não ser capaz disso. Talvez tenha medo de que seu temperamento atue contra você. Você pode ter medo de festas. Você pode temer uma pessoa carismática e inspiradora, ou temer por ela ou por alguém de quem você depende.

POSIÇÃO 10

O RESULTADO

Você encontrará uma pessoa carismática e autoconfiante que sabe como as coisas têm que ser feitas, ou terá que agir como uma. Poderá se deparar com uma situação, causa ou projeto criativo que, na essência, o inspire a entrar em ação.

POSIÇÃO 11

REI DE PAUS
O DINAMISMO

VOCÊ

Você precisa agir de maneira dinâmica para conseguir se impor. Encare seus pontos fortes e fracos. Uma vez que sejam claramente percebidos, você poderá usar esse autoconhecimento a seu favor. Uma abordagem científica e racional será a que funcionará melhor.

O QUE O CERCA

Você está cercado por forças dinâmicas que agem implacavelmente para conseguir se impor. O poder e o orgulho são questões fundamentais. Tenha consciência de que os pontos fortes e fracos serão avaliados e explorados. Uma pessoa dinâmica poderá ajudar ou precisar de ajuda.

O QUE O BLOQUEIA

A dinâmica da situação – pontos fortes, pontos fracos e outras forças – bloqueia o progresso. Use essas forças de modo correto, com a abordagem científica e racional, você vencerá. Fique atento ao ponto decisivo. Uma pessoa dinâmica ou arrogante talvez seja o problema.

POSIÇÃO 3

SUA BASE

Sua habilidade em agir com dinamismo para realizar metas é crucial para a situação. Os pontos fortes e fracos precisam ser identificados e explorados. A melhor abordagem é a científica e racional. Lidar com a energia de uma pessoa dinâmica é imprescindível.

POSIÇÃO 4

PAUS

O QUE ESTÁ ATRÁS DE VOCÊ

A dinâmica do passado afeta a situação atual. O poder, os pontos fortes e os pontos fracos de todos os envolvidos precisam ser reavaliados e reestruturados. A influência de uma pessoa dinâmica, embora tenha sido anteriormente forte, pode estar diminuindo neste momento.

POSIÇÃO 5

O QUE O REALIZA

Seria proveitoso agir de modo dinâmico para alcançar suas metas. Visualize-se como o Rei de Paus, um governante apaixonado e autoconfiante que, assim como o símbolo dele, o Sol, explode na ação, irradiando luz e entusiasmo sobre todos.

POSIÇÃO 6

O QUE ESTÁ DIANTE DE VOCÊ

Você logo encontrará uma pessoa dominadora e dinâmica que está completamente segura de que está certa, ou terá que agir como uma. Uma ação decisiva será praticada. A lealdade será recompensada. A sordidez, a mesquinhez e a vulgaridade serão punidas.

POSIÇÃO 7

POSIÇÃO 8 — COMO SE APRESENTAR

Apresente-se como uma pessoa dinâmica e dominadora que está completamente segura de que está certa. Não demonstre dúvida ou medo. Recompense a lealdade. Puna aqueles que merecem ser punidos. Lide com todas as situações que se apresentarem a você.

POSIÇÃO 9 — COMO OS OUTROS O CONSIDERAM

Os outros o consideram uma pessoa dinâmica e dominadora que está completamente segura de que está certa. Você não demonstra dúvida ou medo. Parece pronto para recompensar o justo e punir o injusto. Alguns o consideram um jogador arrogante.

POSIÇÃO 10 — SUAS ESPERANÇAS E MEDOS

Você espera agir de modo dinâmico e sem indecisão para identificar e explorar os pontos fortes e fracos de todos os envolvidos, mas receia falhar. Você pode temer a abordagem científica ou racional. Pode temer uma pessoa dinâmica, ou temer por ela ou por alguém que o esteja liderando de alguma maneira.

POSIÇÃO 11 — O RESULTADO

Você encontrará uma pessoa dominadora e dinâmica que está completamente segura de que está certa, ou terá que agir como uma. Uma ação decisiva será praticada. A lealdade será recompensada. A sordidez, a mesquinhez e a vulgaridade serão punidas.

ÁS DE ESPADAS
O TRIUNFO

VOCÊ

Você precisa identificar as metas de longo prazo e os princípios que possibilitarão que torne sua vida um espelho da sua excepcional personalidade. Abra um canal para a sabedoria sagrada. Triunfe sobre a adversidade e a ignorância.

POSIÇÃO 1

O QUE O CERCA

Você está cercado por forças que tentam triunfar sobre a adversidade e a ignorância. Uma ideia brilhante, definir metas de longo prazo e defender princípios importantes poderá ajudá-lo a se destacar. Um caminho está se abrindo. Remova todos os "galhos secos".

POSIÇÃO 2

POSIÇÃO 3 — O QUE O BLOQUEIA

A força pode bloquear o progresso. Negar que o fracasso poderá ocorrer limita qualquer planejamento para ele. Tentar ser insistente demais não dará certo. O excesso ou a falta de novas ideias, metas a longo prazo e princípios importantes podem ser a causa do bloqueio.

POSIÇÃO 4 — SUA BASE

Sua capacidade de triunfar sobre a adversidade e a ignorância é crucial para sua situação. Metas a longo prazo e princípios importantes talvez possibilitem que você atravesse mentiras e ilusões e abra um caminho para a sabedoria sagrada.

POSIÇÃO 5 — O QUE ESTÁ ATRÁS DE VOCÊ

Os triunfos do passado, ou a convicção de que não houve nenhum, afetam a situação atual. Forçar as coisas não funciona. As metas a longo prazo e os princípios importantes ajudam você a atravessar as ilusões e abrir um caminho para a sabedoria.

POSIÇÃO 6 — O QUE O REALIZA

Seria proveitoso triunfar sobre a adversidade e a ignorância. Visualize-se brandindo a espada representada na carta. Compreenda que os dois gumes podem ser usados para atravessar a ilusão e defender princípios importantes.

POSIÇÃO 7 — O QUE ESTÁ DIANTE DE VOCÊ

Você logo triunfará sobre as mentiras, a adversidade e a ignorância. Uma nova ideia brilhante, uma meta a longo prazo ou um princípio importante se revelará. O propósito exclusivo da sua vida se tornará mais claro. Um caminho para a sabedoria sagrada se abrirá.

COMO SE APRESENTAR

Apresente-se como alguém que está se esforçando para triunfar sobre a adversidade e a ignorância. Atravesse as mentiras e as ilusões com vigor e chegue à essência da questão. Seja a personificação das metas e dos princípios mais elevados da sua vida.

POSIÇÃO 8

COMO OS OUTROS O CONSIDERAM

Os outros o veem como alguém que está se esforçando para triunfar sobre a adversidade e a ignorância. Veem que você não tem paciência com nenhum tipo de logro e sempre chega à essência da questão. Sabem que você eliminará o que não funciona mais.

POSIÇÃO 9

SUAS ESPERANÇAS E MEDOS

Você espera triunfar sobre a adversidade e a ignorância, mas receia não ter a força necessária para isso. Pode temer os resultados de destruir mentiras e ilusões, ou de usar uma força excessiva. Você pode acreditar que "não é agradável" se impor.

POSIÇÃO 10

O RESULTADO

Você triunfará sobre as mentiras, a adversidade e a ignorância. Uma nova ideia brilhante, uma meta a longo prazo ou um princípio importante se revelará. O propósito exclusivo da sua vida se tornará mais claro. Um caminho para a sabedoria sagrada se abrirá.

POSIÇÃO 11

ESPADAS

DOIS DE ESPADAS
O EQUILÍBRIO

POSIÇÃO 1

VOCÊ

Você precisa fazer uma pausa no seu jeito habitual de pensar, de ver e fazer as coisas para examinar ideias e pontos de vista alternativos. O descanso e o relaxamento são importantes agora. Seja diplomático. Faça concessões ou deixe as coisas como estão.

POSIÇÃO 2

O QUE O CERCA

Você está cercado por uma atmosfera de equilíbrio, diplomacia e resignação. Um descanso ou pausa nas maneiras habituais de pensar, e também de ver e fazer as coisas, é recomendado. Para evitar a procrastinação, ou um impasse, todos os pontos de vista precisam ser considerados.

O QUE O BLOQUEIA

Tirar um período de folga, ou deixar de fazer isso, pode bloquear o progresso. A condescendência pode se transformar em rendição e sacrifício. A falta de equilíbrio atrai forças poderosas que buscam restaurá-lo. Uma pausa pode ter se transformado em procrastinação ou em um impasse. Certifique-se de que está descansando o bastante.

POSIÇÃO 3

SUA BASE

Fazer uma pausa no seu jeito habitual de pensar, ver e fazer as coisas para descansar ou examinar ideias e pontos de vista alternativos é crucial para sua situação. A diplomacia e a condescendência podem ajudar a alcançar o equilíbrio e a harmonia.

POSIÇÃO 4

O QUE ESTÁ ATRÁS DE VOCÊ

A obtenção do equilíbrio, ou da falta dele, no passado afeta a situação atual. Era importante fazer uma pausa na maneira habitual de pensar, ver e fazer as coisas. A condescendência e a diplomacia eram necessárias.

POSIÇÃO 5

O QUE O REALIZA

Seria proveitoso alcançar o equilíbrio em todas as coisas. Visualize-se andando na corda bamba sem medo e sentindo um prazer enorme em fazer isso. Compreenda que pode alcançar o equilíbrio valorizando a moderação, a satisfação e a harmonia.

POSIÇÃO 6

O QUE ESTÁ DIANTE DE VOCÊ

Você logo fará uma pausa no seu jeito habitual de pensar, ver e fazer as coisas para descansar e examinar ideias e pontos de vista alternativos. A diplomacia e a condescendência alcançarão o equilíbrio evitando a procrastinação e um impasse. Tire umas férias.

POSIÇÃO 7

ESPADAS

POSIÇÃO 8 — COMO SE APRESENTAR

Apresente-se como alguém que faz uma pausa nas maneiras habituais de pensar, ver e fazer as coisas para examinar ideias e pontos de vista alternativos. Mostre diplomacia e a disposição de contemporizar. Busque o equilíbrio e a harmonia. Descanse bastante.

POSIÇÃO 9 — COMO OS OUTROS O CONSIDERAM

Os outros o veem como alguém fazendo uma pausa nas maneiras habituais de pensar, ver e fazer as coisas para examinar ideias e pontos de vista alternativos. Você parece diplomático e pronto para contemporizar. Alguns poderão considerá-lo tímido, preguiçoso ou procrastinador.

POSIÇÃO 10 — SUAS ESPERANÇAS E MEDOS

Você tem esperança de poder alcançar o equilíbrio e a harmonia, mas receia que talvez não seja capaz disso. Talvez tenha medo de perder mais do que ganha. Ou então pode recear que a condescendência seja confundida com fraqueza.

POSIÇÃO 11 — O RESULTADO

Você fará uma pausa no seu jeito habitual de pensar, ver e fazer as coisas para descansar e examinar ideias e pontos de vista alternativos. A diplomacia e a condescendência alcançarão o equilíbrio evitando a procrastinação e um impasse. Tire umas férias.

TRÊS DE ESPADAS
O SOFRIMENTO

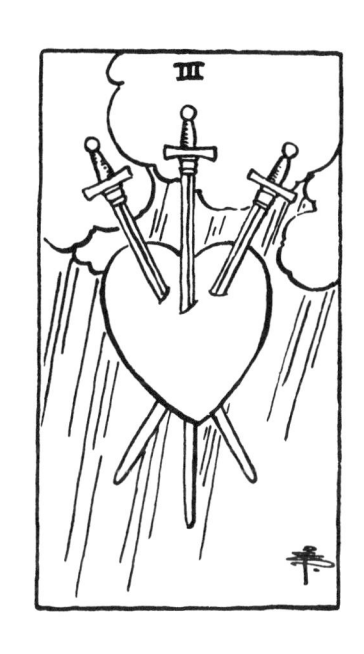

VOCÊ

Você precisa entrar em contato com a dor e o sofrimento. Negar que eles existem conduz à perda, à hostilidade e à doença. Embora a vida pareça sem sentido, a recuperação pode ocorrer. Isso requer fé, amor-próprio, perdão e tempo. Seja grato pelo que você tem.

O QUE O CERCA

Você está cercado pelo potencial de conhecer a dor e o sofrimento. Negá-lo conduz à perda, à hostilidade e à doença. Proteja-se. As defesas estão fracas e precisam ser fortalecidas. Não deixe que os problemas de outra pessoa o afetem.

O QUE O BLOQUEIA

O sofrimento bloqueia o progresso. Embora a vida possa parecer sem sentido, não negue que a dor é real. A cura e a recuperação requerem fé, perdão, amor-próprio e tempo. Seja grato pelo que tem. A paz começa quando terminam as expectativas.

SUA BASE

Sua capacidade de conhecer a dor e o sofrimento, sem mergulhar no desespero e se entregar, é crucial para sua situação. O sofrimento é curado pelo amor, pela fé, aprendendo com o que aconteceu e perdoando a si mesmo e aos outros.

O QUE ESTÁ ATRÁS DE VOCÊ

A dor e os sofrimentos passados estão afetando a situação atual. Descubra de que maneira isso está acontecendo. Se esses sentimentos foram negados ou reprimidos, isso pode ter conduzido à perda, à hostilidade e à doença. Se for este o caso, você precisa promover a cura com paciência, amor e perdão.

O QUE O REALIZA

Seria proveitoso reconhecer a dor e o sofrimento e lidar com eles com êxito. Visualize-se como um ser espiritual em um corpo físico cujo verdadeiro propósito é o de uma alma que evolui, crescendo por meio do conhecimento nascido da experiência terrena.

O QUE ESTÁ DIANTE DE VOCÊ

Você poderá encontrar em breve a dor e o sofrimento em si mesmo ou em outra pessoa. Suas defesas poderão ser enfraquecidas. Talvez seja tragado pelo desespero. Seja grato pelo que tem enquanto perdoa a si mesmo e aos outros. A paz começa quando terminam as expectativas.

COMO SE APRESENTAR

Apresente-se como alguém que está sentindo dor e sofrimento. Você precisa superar a mágoa, o desespero e os pensamentos amargos. Negá-los só levaria à perda, à hostilidade e à doença. Evite a autopiedade e a desconfiança.

POSIÇÃO 8

COMO OS OUTROS O CONSIDERAM

Os outros o veem como alguém que vivencia a perda, a dor e o sofrimento. Suas defesas parecem não estar funcionando. Você pode parecer magoado, desconfiado ou afundando no desespero. Alguns o veem como imerso na autopiedade.

POSIÇÃO 9

SUAS ESPERANÇAS E MEDOS

Você tem esperança de conseguir reconhecer e lidar com êxito com a dor e o sofrimento, mas receia que não será capaz de superar o desespero. O sofrimento é curado pela dor, pela fé, aprendendo com o que aconteceu e perdoando a si mesmo e aos outros.

POSIÇÃO 10

O RESULTADO

Você poderá encontrar dor e sofrimento em si mesmo ou em outra pessoa. Suas defesas poderão ser enfraquecidas. Você talvez seja tragado pelo desespero. Seja grato pelo que tem enquanto perdoa a si mesmo e aos outros. A paz começa quando terminam as expectativas.

POSIÇÃO 11

ESPADAS

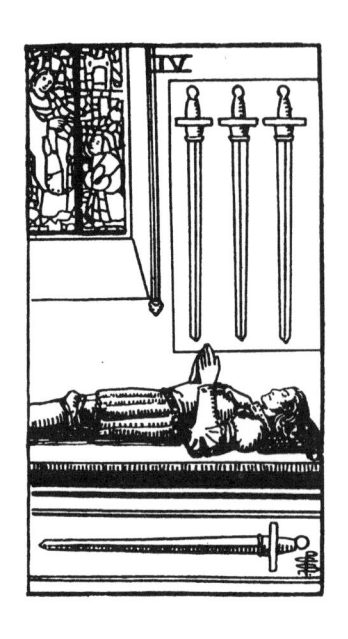

QUATRO DE ESPADAS

A RECLUSÃO

VOCÊ

POSIÇÃO 1

Você precisa de reclusão para lidar adequadamente com a situação. Afaste-se da dor, do conflito e das distrações, e livre-se do estresse e da ansiedade. Firme-se e recarregue-se. Busque dentro de si mesmo a verdadeira mudança. Medite diariamente. Você consegue!

O QUE O CERCA

POSIÇÃO 2

Você está cercado por uma atmosfera de calmo desapego. Forças o estão empurrando para a reclusão. Examine seus pensamentos sem distrações ou estresse. Está na hora de uma retirada estratégica. Tire um tempo para você onde quer que encontre um refúgio.

O QUE O BLOQUEIA

A reclusão, ou a ausência dela, bloqueia o progresso. O isolamento pode impedir que você saiba o que realmente está acontecendo. O desapego poderá resultar na deserção quando deveria lutar. Talvez você, necessite de uma pausa no estresse e na distração.

POSIÇÃO 3

SUA BASE

Sua capacidade de reconhecer o valor da reclusão, do desapego e de um afastamento estratégico como um método de realizar coisas notáveis é crucial para a situação. Para se livrar do estresse e da ansiedade, procure sua força interior. Medite diariamente. Você consegue!

POSIÇÃO 4

O QUE ESTÁ ATRÁS DE VOCÊ

O período de reclusão está passando. Se a ausência de distrações foi usada para a obtenção da força interior, as coisas darão certo. Se você se afastou de questões que tinham que ser enfrentadas, precisará lidar com elas agora.

POSIÇÃO 5

O QUE O REALIZA

Seria proveitoso se isolar agora e meditar. Observe sua respiração. Quando pensamentos interferirem no processo, contemple-os a distância e observe-os enquanto se afastam. Faça isso durante dez minutos por dia e ficará calmo e concentrado.

POSIÇÃO 6

O QUE ESTÁ DIANTE DE VOCÊ

Você em breve constatará o valor da reclusão, do desapego e de um afastamento estratégico como métodos para alcançar coisas notáveis. Evitará a dor, o conflito e as distrações e reduzirá seu estresse e sua ansiedade. Olhe para dentro de si e recarregue-se.

POSIÇÃO 7

ESPADAS

POSIÇÃO 8 — COMO SE APRESENTAR

Apresente-se como alguém que conhece o benefício da reclusão e de um afastamento estratégico como métodos para a realização de coisas notáveis. Com um distanciamento suave, procure soluções dentro de você. Faça uma pausa no estresse e na agitação. Medite.

POSIÇÃO 9 — COMO OS OUTROS O CONSIDERAM

Os outros o consideram uma pessoa que conhece os benefícios da reclusão e do afastamento estratégico como métodos para realizar coisas notáveis. Eles percebem que você possui um distanciamento suave, e que procura orientações dentro de si. Alguns acham que você está apenas fugindo da situação.

POSIÇÃO 10 — SUAS ESPERANÇAS E MEDOS

Você tem esperança de que a reclusão e o distanciamento vão ajudá-lo a se livrar do estresse, da agitação e da distração, mas receia o que a calma e o isolamento poderão provocar. Talvez tenha medo de outras formas de espiritualidade ou de não conseguir meditar, mas você consegue!

POSIÇÃO 11 — O RESULTADO

Você constatará o valor da reclusão, do desapego e de um afastamento estratégico como métodos para alcançar coisas notáveis. Evitará a dor, o conflito e as distrações e reduzirá seu estresse e sua ansiedade. Olhe para dentro de si e recarregue-se.

CINCO DE ESPADAS
A DERROTA

VOCÊ

Você precisa ver os benefícios da rendição e da derrota. A época da derrota é a melhor ocasião para plantar as sementes dos futuros sucessos. Você pode ter obtido o que desejava, mas isso não o satisfez. Aprenda com isso.

O QUE O CERCA

Você está cercado por uma atmosfera de derrota. Quando o jogo estiver perdido ou o custo da vitória for alto demais, aceite a situação. A verdadeira derrota reside em deixar de aprender com os erros. Proteja-se dos erros dos outros. Plante agora as sementes dos sucessos futuros.

POSIÇÃO 3 — O QUE O BLOQUEIA

A derrota bloqueia o progresso. Uma atitude derrotista garante a perda. Saiba como perder e saiba como ganhar. Não seja um mau perdedor. Aprenda com a derrota. Uma vitória inexpressiva é exaustiva. Alguém que você derrotou pode ser o problema.

POSIÇÃO 4 — SUA BASE

Sua capacidade de lidar com a derrota e a rendição é crucial para a situação. A derrota pode funcionar para você. A época da derrota é a melhor ocasião para plantar as sementes do sucesso futuro. Se obteve o que desejava, mas isso não o satisfez, aprenda com isso.

POSIÇÃO 5 — O QUE ESTÁ ATRÁS DE VOCÊ

As experiências passadas que lidam com a rendição e a derrota estão afetando a situação atual. Se as lições ensinadas foram desconsideradas, isso provavelmente acontecerá de novo. Você não pode enganar o karma. A vingança ou a culpa é desnecessária.

POSIÇÃO 6 — O QUE O REALIZA

Seria proveitoso aceitar a derrota como uma lição que pode garantir o sucesso futuro. Visualize sua maior derrota como o problema de outra pessoa. Veja o que você pode aprender com isso ao se colocar fora de uma situação de perda ou ganho.

POSIÇÃO 7 — O QUE ESTÁ DIANTE DE VOCÊ

Você poderá encontrar a derrota em breve, seja na sua própria situação ou na situação de outra pessoa. Ou poderá obter o que deseja, mas descobrir que isso não o satisfaz. A época da derrota é a melhor ocasião para plantar as sementes dos sucessos futuros.

COMO SE APRESENTAR

Apresente-se como alguém que aceita a derrota. A rendição pode lhe ensinar uma lição capaz de garantir o sucesso futuro, ou pode ser uma atitude deliberada para criar um falso sentimento de vitória em outras pessoas das quais pode tirar partido. Mostre que você está desanimado.

COMO OS OUTROS O CONSIDERAM

Os outros o veem como alguém derrotado, fraco e amargo. Muitos acham que você recebeu o que merecia. Você parece vingativo e cheio de acusações. Alguns acham que você é apenas ignorante ou está insatisfeito com o nível do seu sucesso.

SUAS ESPERANÇAS E MEDOS

Você tem esperança de que a derrota não o destrua, mas receia que ela o faça. Você talvez não se sinta forte o bastante para aprender com ela e seguir em frente. Pode temer a vingança e as acusações. Ou então pode achar que ficará infeliz mesmo que vença.

O RESULTADO

Você poderá encontrar a derrota, seja na sua própria situação ou na situação de outra pessoa. Ou poderá obter o que deseja, mas descobrir que isso não o satisfaz. A época da derrota é a melhor ocasião para plantar as sementes dos sucessos futuros. Evite fazer acusações.

SEIS DE ESPADAS

A PASSAGEM

POSIÇÃO 1

VOCÊ

Você precisa compreender que, no momento, está em uma posição muito melhor na vida. Suportou uma difícil transição e agora é mais capaz de lidar com o que poderá acontecer. Mude suas convicções a respeito de si mesmo. Uma viagem lhe fará muito bem.

POSIÇÃO 2

O QUE O CERCA

Você está cercado pelas forças de transição. Uma provação, uma viagem ou um rito de passagem conduzirá a novas convicções e orientação. Você pode avançar para uma situação nova e melhor na vida. Uma pessoa estrangeira poderá ajudar ou precisar de ajuda.

O QUE O BLOQUEIA

A viagem bloqueia o progresso. Uma viagem pode ser retardada ou não sair como planejada. Uma transição ou mudança de direção talvez cause decepção. É preciso passar por uma provação para que as coisas melhorem. Para mudar seu mundo, mude suas convicções a respeito dele.

POSIÇÃO 3

SUA BASE

Saber como passar de um estado para outro é crucial para sua situação. Isso pode significar uma boa travessia, um retorno ao seu centro depois de perturbações, habilidade para disfarçar transições, e mudança de convicções.

POSIÇÃO 4

O QUE ESTÁ ATRÁS DE VOCÊ

Uma provação do passado está afetando sua situação atual. Se não lidou com êxito com esse rito de passagem, sentirá as consequências agora. Você também pode estar sendo afetado por uma viagem do passado, uma mudança de direção ou uma importante transição.

POSIÇÃO 5

O QUE O REALIZA

Seria proveitoso encarar os desafios da vida como ritos de passagem, os quais, quando transpostos, lhe dão acesso a níveis cada vez mais elevados de poder e sabedoria. Visualize os desafios na sua vida como portas que você pode abrir para revelar ricas recompensas.

POSIÇÃO 6

O QUE ESTÁ DIANTE DE VOCÊ

Em breve você verá uma melhora. Passará por uma provação. As convicções mudarão para melhor. Sua capacidade de permanecer calmo e centrado aumentará. Será feita uma transição positiva de um estado para outro. Correrá tudo bem em uma viagem.

POSIÇÃO 7

ESPADAS

COMO SE APRESENTAR

Apresente-se como alguém que atravessa com sucesso um difícil rito de passagem e avança para uma época melhor na sua vida. Mostre aos outros como sua transição é intensa. Deixe claro quanto as mudanças de convicções modificaram sua vida.

COMO OS OUTROS O CONSIDERAM

Os outros o veem como uma pessoa que atravessa com sucesso um difícil rito de passagem e avança para uma época melhor na sua vida. Sua transição parece ser intensa. Tudo indica que mudar suas convicções modificou sua vida.

SUAS ESPERANÇAS E MEDOS

Você espera conseguir atravessar com sucesso um difícil rito de passagem e avançar para uma época melhor na sua vida, mas receia que não consiga fazer isso. Talvez tenha medo da mudança. Uma viagem pode estar lhe causando uma ansiedade desnecessária.

O RESULTADO

Você verá uma melhora. Passará por uma provação. As convicções mudarão para melhor. Sua capacidade de permanecer calmo e centrado aumentará. Será feita uma transição positiva de um estado para outro. Correrá tudo bem em uma viagem.

SETE DE ESPADAS
A OPOSIÇÃO

VOCÊ

Você precisa avaliar a oposição que está encontrando. Seja lógico, persistente e procure não recorrer ao logro ou à trapaça. Verifique se alguns dos seus problemas foram criados por você mesmo. Elimine seus padrões de comportamento mais negativos.

POSIÇÃO 1

O QUE O CERCA

Você está cercado pela oposição e pela trapaça. Talvez não conheça toda a extensão das forças antagônicas. Recursos estão sendo mantidos em reserva. Será necessário um grande esforço para fazer com que as coisas aconteçam como você quer.

POSIÇÃO 2

POSIÇÃO 3 — O QUE O BLOQUEIA

A oposição bloqueia o progresso. Coisas ditas e feitas pelas costas dos outros, ou a manifestação de medos e preconceitos pode ser a causa. Nenhum plano precipitado poderá impedir que a trapaça o derrube. Use a lógica e a sutileza.

POSIÇÃO 4 — SUA BASE

Sua habilidade em lidar com a oposição e até mesmo com a trapaça é crucial para sua situação. Seja lógico, persistente e procure não recorrer à cilada. Os problemas muitas vezes são criados por nós mesmos. Elimine de imediato seus padrões de comportamento mais negativos.

POSIÇÃO 5 — O QUE ESTÁ ATRÁS DE VOCÊ

A oposição do passado está afetando a situação atual. Não importa que tenha feito oposição a outra pessoa ou que ela tenha feito a você. O que importa é que a oposição foi manifestada, de uma maneira sincera ou não. Tenha consciência do prejuízo, do medo e do engano.

POSIÇÃO 6 — O QUE O REALIZA

Seria proveitoso lidar de maneira correta com a oposição. Visualize-se na posição daqueles que fazem oposição a você. Observe se eles têm razão ou se são apenas egoístas. Se for possível ceder, faça isso.

POSIÇÃO 7 — O QUE ESTÁ DIANTE DE VOCÊ

Você logo estimará o valor da oposição que está encontrando ou criando. Ela pode ser muito forte. Com lógica, persistência e uma autoanálise, os comportamentos negativos poderão ser superados. Tenha consciência do prejuízo, do medo e do engano.

COMO SE APRESENTAR

Apresente-se como alguém que estima o valor da força e da sabedoria da oposição que está encontrando ou criando. Demonstre que sabe quanto dela é criada por você. Não use, neste momento, quaisquer truques que possa ter escondidos na manga.

COMO OS OUTROS O CONSIDERAM

Os outros o veem como alguém que avalia a força e a sabedoria da oposição que está encontrando. Muitos o veem apenas como a oposição, pronto para recorrer à trapaça para obter o que deseja. Você parece ser seu pior inimigo.

SUAS ESPERANÇAS E MEDOS

Você tem esperança de poder superar qualquer oposição que encontre, mas receia não ser capaz de fazer isso. Pode ter medo de precisar recorrer à trapaça para vencer. Ou pode ter medo de ser seu pior inimigo e não conseguir se corrigir.

O RESULTADO

Você estimará o valor da oposição que está encontrando ou criando. Ela pode ser muito forte. Com lógica, persistência e uma autoanálise, os comportamentos negativos poderão ser superados. Tenha consciência do prejuízo, do medo e do engano.

OITO DE ESPADAS

A INDECISÃO

POSIÇÃO 1

VOCÊ

Você precisa ver todo o cenário antes de decidir. Nas ocasiões de dúvida e confusão, não aja de imediato. Procure pacientemente dentro de si mesmo as respostas do seu Eu Superior. Ninguém pode decidir por você. Um oráculo poderá ajudá-lo.

POSIÇÃO 2

O QUE O CERCA

Você está cercado pela indecisão e pela inércia. Não espere que alguma coisa aconteça em breve. É preciso lidar com a rigidez, os equívocos e a ênfase em detalhes insignificantes. A falta de perspectiva enfraquece a fé. Um oráculo poderá ajudá-lo.

O QUE O BLOQUEIA

A indecisão bloqueia o progresso. Ela pode ser sua ou de outra pessoa. Nada está acontecendo. É preciso lidar com a rigidez, os equívocos e a ênfase em detalhes insignificantes. A falta de perspectiva enfraquece a fé. Um oráculo poderá ajudá-lo.

POSIÇÃO 3

SUA BASE

Sua habilidade em lidar com a indecisão é crucial para a situação. Às vezes, você precisa decidir não tomar nenhuma atitude. É preciso lidar com a rigidez, os equívocos e a ênfase em detalhes insignificantes. Um oráculo poderá ajudá-lo a compreender como você se sente.

POSIÇÃO 4

O QUE ESTÁ ATRÁS DE VOCÊ

A indecisão do passado está afetando a situação atual. Ela pode ser sua ou de outras pessoas. Se não lidou na época com a rigidez, os equívocos e a ênfase em detalhes insignificantes, precisa fazer isso agora. Um oráculo poderá ajudá-lo neste momento.

POSIÇÃO 5

O QUE O REALIZA

Seria proveitoso superar a indecisão. Visualize-se como a mulher na carta. Embora você esteja dominado por sete espadas, perceba que detém a espada da força de vontade para poder se libertar – a oitava espada, e a mais poderosa.

POSIÇÃO 6

O QUE ESTÁ DIANTE DE VOCÊ

Você logo encontrará a indecisão em si mesmo ou em outra pessoa. Há momentos em que é melhor não tomar nenhuma atitude. Se uma decisão for necessária, reúna o máximo possível de informações e deixe que um oráculo o ajude.

POSIÇÃO 7

ESPADAS

POSIÇÃO 8 — COMO SE APRESENTAR

Apresente-se como indeciso. Demonstre acreditar que, às vezes, é melhor não decidir. Procure ver todo o cenário. Recorrer de modo regular a um oráculo pode ajudá-lo a desenvolver sua capacidade de tomar decisões.

POSIÇÃO 9 — COMO OS OUTROS O CONSIDERAM

Os outros percebem que você não tomou uma decisão clara. Talvez se sinta aprisionado pela análise excessiva, detalhes pouco importantes e a incapacidade de ver todo o cenário. Alguns acham que você é uma pessoa indecisa. Um oráculo poderá ajudar.

POSIÇÃO 10 — SUAS ESPERANÇAS E MEDOS

Você tem esperança de conseguir superar a indecisão e a inércia, mas teme não ser capaz de consegui-lo. Talvez tenha receio de que uma má decisão possa ser pior do que nenhuma. Lembre-se de que às vezes é melhor decidir não tomar nenhuma atitude. Consulte um oráculo.

POSIÇÃO 11 — O RESULTADO

Você encontrará a indecisão em si mesmo ou em outra pessoa. Há momentos em que é melhor não tomar nenhuma atitude. Se uma decisão for necessária, reúna o máximo possível de informações e deixe que um oráculo o ajude.

NOVE DE ESPADAS
O PESADELO

VOCÊ

Você precisa compreender que os medos, se não forem enfrentados e compreendidos, podem conduzir à obsessão, à compulsão, à paranoia ou à doença. Todos temos um lado sombrio que precisa ser reconhecido. Evite ser um mártir. Durma bastante.

POSIÇÃO 1

O QUE O CERCA

Você está cercado pelo que parece ser uma situação aterrorizante. Os medos, se não forem enfrentados e compreendidos, podem conduzir à obsessão, à compulsão, à paranoia ou à doença física. Durma bastante.

POSIÇÃO 2

POSIÇÃO 3 — O QUE O BLOQUEIA

Uma situação aterrorizante bloqueia o progresso. Os medos, se não forem enfrentados e compreendidos, podem conduzir à obsessão, à compulsão, à paranoia ou à doença. Proteja-se das energias negativas. Evite ser um mártir. Durma bastante.

POSIÇÃO 4 — SUA BASE

Sua capacidade de lidar com uma circunstância aterrorizante é crucial para a situação. Os medos, se não forem enfrentados e compreendidos, podem conduzir à obsessão, à compulsão, à paranoia ou à doença física. Proteja-se das energias negativas.

POSIÇÃO 5 — O QUE ESTÁ ATRÁS DE VOCÊ

Os medos, as obsessões e as compulsões do passado estão afetando a situação atual. Se foram enfrentados e compreendidos, se manifestarão agora como más lembranças, ansiedade e pesadelos. Se não foram, tome medidas imediatas para isso.

POSIÇÃO 6 — O QUE O REALIZA

Seria proveitoso lidar bem com o medo, a obsessão e os pesadelos. Quando for dormir, visualize a si mesmo em segurança nos braços da pessoa que mais o ama. Pergunte a ela como você deve lidar com seu problema. Ela responderá.

POSIÇÃO 7 — O QUE ESTÁ DIANTE DE VOCÊ

Poderá encontrar em breve, em você ou em outra pessoa, uma situação na qual os medos precisam ser enfrentados e compreendidos, caso contrário eles se transformarão em obsessão, compulsão, paranoia ou doença física. Evite se tornar um mártir. Durma bastante.

COMO SE APRESENTAR

Apresente-se como alguém dominado por uma situação aterrorizante. Mostre que está no processo de enfrentá-la, bem como a todos os medos, para evitar se tornar um mártir da obsessão, da compulsão, da paranoia ou da doença física. Durma bastante.

POSIÇÃO 8

COMO OS OUTROS O CONSIDERAM

Os outros o veem como alguém dominado por uma situação aterrorizante. Muitos o veem como alguém enfrentando-a, bem como a todos os medos, para evitar se tornar um mártir da obsessão, da compulsão, da paranoia ou da doença física. Outros têm medo de estar com você.

POSIÇÃO 9

SUAS ESPERANÇAS E MEDOS

Você tem esperança de lidar com a obsessão, a compulsão, a paranoia ou a doença física sem se tornar um mártir delas, mas receia que talvez não seja capaz disso. Seu lado sombrio é uma parte de você. Aceite-o. Você poderá ter medo de lidar com suas obsessões.

POSIÇÃO 10

ESPADAS

O RESULTADO

Poderá encontrar, em você ou em outra pessoa, uma situação na qual os medos precisam ser enfrentados e compreendidos, caso contrário se transformarão em obsessão, compulsão, paranoia ou doença física. Evite se tornar um mártir. Durma bastante.

POSIÇÃO 11

DEZ DE ESPADAS
A RUÍNA

POSIÇÃO 1

VOCÊ

Você precisa saber que o pior já passou. Embora as esperanças e os sonhos do passado possam estar destruídos, novos surgirão com o tempo. Se palavras não puderem oferecer consolo, uma ferida tão profunda e uma perda tão devastadora poderão requerer ajuda profissional.

POSIÇÃO 2

O QUE O CERCA

Você está cercado por uma situação desastrosa. O pior pode ter acontecido. Embora as esperanças e os sonhos do passado possam estar destruídos, novos surgirão com o tempo. Talvez precise de ajuda profissional para lidar com feridas tão profundas.

O QUE O BLOQUEIA

A ruína bloqueia seu progresso. O pior pode ter acontecido. Embora as esperanças e os sonhos do passado possam ter se extinguido, novos surgirão com o tempo. Talvez precise de ajuda profissional para lidar com feridas tão profundas.

POSIÇÃO 3

SUA BASE

Sua capacidade de lidar com uma situação desastrosa é crucial para sua situação. Embora as esperanças e os sonhos do passado possam ter se extinguido, novos surgirão com o tempo. Talvez precise de ajuda profissional para lidar com feridas tão profundas.

POSIÇÃO 4

O QUE ESTÁ ATRÁS DE VOCÊ

Uma situação desastrosa do passado está afetando a situação atual. Embora as esperanças e os sonhos do passado tenham sido destruídos, novos devem ter surgido com o tempo. Se isso não aconteceu, talvez precise agora de ajuda profissional para lidar com feridas tão profundas.

POSIÇÃO 5

ESPADAS

O QUE O REALIZA

Seria proveitoso saber como lidar com a ruína. Visualize-se com alguém que está em uma situação muito pior do que a sua e que, mesmo assim, segue em frente. O sofrimento e o exemplo dessa pessoa poderão inspirá-lo, assim como os seus poderão ajudar outra pessoa a prosseguir.

POSIÇÃO 6

O QUE ESTÁ DIANTE DE VOCÊ

Você poderá em breve encontrar uma situação na qual o pior parece ter ocorrido, com você ou com outra pessoa. As esperanças e os sonhos do passado podem ter se extinguido. Talvez precise de ajuda profissional para colocar sua vida em ordem.

POSIÇÃO 7

POSIÇÃO 8 — COMO SE APRESENTAR

Apresente-se como alguém que compreende que o pior já aconteceu. Você poderá entender que embora as esperanças e os sonhos do passado possam ter se extinguido, novos surgirão com o tempo. Se não compreender isso, busque ajuda profissional para encontrar novos sonhos e esperanças para superar a perda.

POSIÇÃO 9 — COMO OS OUTROS O CONSIDERAM

Os outros percebem que o pior aconteceu com você. Alguns acham que você sabe que embora as esperanças e os sonhos do passado possam ter se extinguido, novos surgirão com o tempo. Outros acham que você deve procurar um profissional que possa ajudá-lo a se recuperar.

POSIÇÃO 10 — SUAS ESPERANÇAS E MEDOS

Você espera poder lidar com a ruína das suas esperanças e sonhos, mas receia que talvez não seja capaz de fazer isso. Você pode ter medo de não ter razão para viver. Compreenda que há outras pessoas que têm menos sorte do que você. Talvez tenha receio de procurar ajuda profissional.

POSIÇÃO 11 — O RESULTADO

Você poderá encontrar uma situação na qual o pior parece ter ocorrido, com você ou com outra pessoa. As esperanças e os sonhos do passado podem ter se extinguido. Talvez precise de ajuda profissional para colocar sua vida em ordem.

VALETE DE ESPADAS

AS IDEIAS

VOCÊ

Você precisa valorizar e comunicar ideias, informações e teorias. O pensamento abstrato pode ajudá-lo a enxergar pontos fracos em planos e métodos. Novas informações produzirão surpresas. Tome cuidado com os boatos. Proteja sua privacidade.

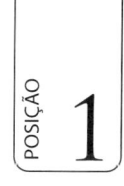

O QUE O CERCA

Você está cercado pela comunicação de informações, ideias e teorias. O pensamento abstrato e as surpresas expõem pontos fracos em planos e métodos. Proteja a privacidade. Uma pessoa jovem e perspicaz poderá ajudar ou precisar de ajuda.

POSIÇÃO 3 — O QUE O BLOQUEIA

As ideias, ou a falta delas, bloqueiam o progresso. Ideias sem ação são ineficazes. Muito poucas ideias ou uma comunicação insatisfatória limita as opções e a conscientização. Espere surpresas. Proteja-se de escândalos. Uma pessoa jovem e perspicaz pode ser o problema.

POSIÇÃO 4 — SUA BASE

Sua habilidade em valorizar e comunicar ideias, informações e teorias é crucial para sua situação. O pensamento abstrato e as surpresas podem expor falhas em planos e métodos. Lidar com as ideias de uma pessoa jovem é fundamental.

POSIÇÃO 5 — O QUE ESTÁ ATRÁS DE VOCÊ

As ideias, informações ou boatos do passado afetam o presente. Se a comunicação era clara, tudo está bem. Se não era, planos e métodos precisam ser reavaliados agora. Espere surpresas. A influência de uma pessoa jovem e perspicaz pode estar chegando ao fim.

POSIÇÃO 6 — O QUE O REALIZA

Pode ser proveitoso valorizar e comunicar ideias, informações e teorias. Visualize-se colocando ideias em caixas fortes e resistentes e enviando-as para outras pessoas que as abrem e compreendem, e depois enviam as ideias delas para você.

POSIÇÃO 7 — O QUE ESTÁ DIANTE DE VOCÊ

Você logo encontrará um portador de informações, ideias e teorias abstratas, ou terá que agir como um. Algumas delas serão surpreendentes. Sua capacidade de ser claro será testada. Os boatos, a privacidade, a discrição e uma pessoa jovem poderão estar envolvidos.

COMO SE APRESENTAR

Apresente-se como um portador de informações, ideias e teorias, algumas delas surpreendentes. Mostre como o pensamento abstrato pode expor falhas em planos e métodos. Aprenda a dinâmica dos rumores, da privacidade e da discrição.

POSIÇÃO 8

COMO OS OUTROS O CONSIDERAM

Os outros o consideram um portador de informações, ideias e teorias, algumas delas surpreendentes. Sua capacidade de pensar de uma maneira abstrata expõe falhas em planos e métodos. Alguns o consideram um bisbilhoteiro intrometido que muitas vezes é indiscreto.

POSIÇÃO 9

SUAS ESPERANÇAS E MEDOS

Você tem esperança de se comunicar bem, mas receia que não o faça. As informações, ideias, teorias e o pensamento abstrato podem assustá-lo. Você pode temer os rumores ou a indiscrição. Talvez receie o contato com uma pessoa jovem e perspicaz, ou tema por ela.

POSIÇÃO 10

ESPADAS

O RESULTADO

Você encontrará um portador de informações, ideias e teorias abstratas, algumas delas surpreendentes, ou terá que agir como um. Sua capacidade de ser claro será testada. Os boatos, a privacidade, a discrição e uma pessoa jovem poderão estar envolvidos.

POSIÇÃO 11

CAVALEIRO DE ESPADAS

INVENTIVIDADE

POSIÇÃO 1

VOCÊ

Você precisa pensar em maneiras de transformar as ideias em realidade. Desenvolva suas habilidades, criatividade e autoestima, caso contrário a frustração e a atitude defensiva lhe causarão problemas. Reaja com perspicácia, franqueza e prudência.

POSIÇÃO 2

O QUE O CERCA

Você está cercado pela inventividade. As ideias podem se tornar realidade, mas planos frustrados talvez conduzam à agressividade e a uma atitude defensiva. A ajuda só é oferecida em troca de favores iguais. Uma pessoa jovem e franca poderá ajudar ou precisar de ajuda.

O QUE O BLOQUEIA

A inventividade, ou a falta dela, bloqueia o progresso. Você pode ser perspicaz demais para seu próprio bem. Os planos podem ser sofisticados, porém pouco práticos. A falta de criatividade talvez gere um comportamento agressivo. Uma pessoa jovem e franca pode ser o problema.

POSIÇÃO 3

SUA BASE

Sua habilidade em usar sua inventividade como uma resposta para desafios frustrantes, e não como agressão ou uma atitude defensiva, é crucial para a situação. A perspicácia transforma ideias em realidade. É fundamental lidar com a criatividade de uma pessoa jovem e franca.

POSIÇÃO 4

O QUE ESTÁ ATRÁS DE VOCÊ

A inventividade do passado está afetando o presente. Ideias perspicazes e prudentes garantem o sucesso. Habilidades limitadas e uma visão tacanha podem ter causado problemas. A influência de uma pessoa jovem e franca pode estar chegando ao fim.

POSIÇÃO 5

ESPADAS

O QUE O REALIZA

Seria proveitoso desenvolver sua inventividade. Visualize um desafio do passado e como o resolveria se tivesse recursos ilimitados. Em seguida, modifique sua solução de acordo com todos os recursos disponíveis.

POSIÇÃO 6

O QUE ESTÁ DIANTE DE VOCÊ

Em breve você encontrará uma pessoa inventiva, perspicaz e franca que não tem medo de responder diretamente ou lutar por uma ideia, ou agirá como uma. Tenha consciência de que planos frustrados ou palavras sarcásticas podem causar uma atitude defensiva ou gerar agressividade.

POSIÇÃO 7

POSIÇÃO 8 — COMO SE APRESENTAR

Apresente-se como uma pessoa inventiva, perspicaz e franca que não tem medo de responder diretamente ou lutar por uma ideia. Demonstre que pode transformar ideias em realidade com habilidade e prudência. Evite o sarcasmo, a frustração e a agressividade.

POSIÇÃO 9 — COMO OS OUTROS O CONSIDERAM

Os outros o consideram uma pessoa inventiva, perspicaz e franca, que não tem medo de responder diretamente ou lutar por uma ideia. A maioria percebe que você pode transformar ideias em realidade com habilidade e prudência. Alguns acham que você é sarcástico, frustrado e agressivo demais.

POSIÇÃO 10 — SUAS ESPERANÇAS E MEDOS

Você tem esperança de conseguir transformar ideias em realidade ao mesmo tempo que permanece fiel aos seus ideais, mas receia não ser capaz de fazer isso. A frustração, uma atitude defensiva ou a agressividade podem afetá-lo. Você pode temer um jovem franco, ou temer por ele.

POSIÇÃO 11 — O RESULTADO

Você encontrará uma pessoa inventiva, perspicaz e franca que não tem medo de responder diretamente ou lutar por uma ideia, ou agirá como uma. Tenha consciência de que planos frustrados ou palavras sarcásticas podem causar uma atitude defensiva ou gerar agressividade.

RAINHA DE ESPADAS
A INDEPENDÊNCIA

VOCÊ

Você precisa ser independente. A empatia poderá distraí-lo. Pense com a cabeça, não como o coração. Dedique toda a sua atenção e concentração à sua situação, caso contrário o volume de informações o esmagará. Seja sincero.

POSIÇÃO 1

O QUE O CERCA

Você está cercado por energias que requerem e apoiam a independência. Não existe espaço para a compaixão. As ideias e as informações são forças que estão sendo usadas e talvez mal utilizadas. Uma mulher forte e independente poderá ajudar ou precisar de ajuda.

POSIÇÃO 2

POSIÇÃO 3 — O QUE O BLOQUEIA

A independência, ou a ausência dela, bloqueia o progresso. Agir de uma maneira imprudente e irresponsável ou ser desleal e incontrolável destrói a confiança. A incapacidade de agir por conta própria desperdiça tempo. Uma mulher forte e independente pode ser o problema.

POSIÇÃO 4 — SUA BASE

Sua capacidade de ser independente é crucial para sua situação. Agora, as ideias e as informações são forças que devem ser usadas com sabedoria. Não há tempo para compaixão. Seja sincero. Uma mulher forte, direta e independente pode ser importante.

POSIÇÃO 5 — O QUE ESTÁ ATRÁS DE VOCÊ

As ideias de independência do passado afetam a situação atual. Se as informações e as ideias foram vistas como forças, tudo está bem. Caso contrário, use-as agora sem levar em conta os sentimentos. A influência de uma mulher forte pode estar chegando ao fim.

POSIÇÃO 6 — O QUE O REALIZA

Seria proveitoso ser independente. Visualize-se com a autossuficiência que gostaria de alcançar. Quanto isso é diferente da maneira como vive agora? Use essa informação para descobrir uma maneira de fazer as mudanças necessárias.

POSIÇÃO 7 — O QUE ESTÁ DIANTE DE VOCÊ

Você logo encontrará uma pessoa independente que encara as ideias e as informações como forças a serem usadas, ou terá que agir como uma. Vai faltar compaixão. Tome cuidado para que a solidão não transforme a força em rigidez, falta de tato ou austeridade.

COMO SE APRESENTAR

Apresente-se como uma pessoa forte e independente cujas ideias e experiências determinam sua postura. Imponha seu direito de oscilar entre intimidante e frívolo, entre outras coisas. Evite a amargura.

POSIÇÃO 8

COMO OS OUTROS O CONSIDERAM

Os outros o consideram uma pessoa forte e independente cujas ideias e experiências definem sua postura, que flutua de intimidante a frívola. Alguns o consideram solitário, frio, sem tato, austero ou amargo.

POSIÇÃO 9

SUAS ESPERANÇAS E MEDOS

Você espera poder ser forte e independente, sem dever nada a ninguém, mas receia que talvez não seja capaz de fazer isso. Talvez tenha medo de parecer solitário, frio, indiferente, austero ou amargo. Você pode temer uma mulher forte e independente, ou temer por ela.

POSIÇÃO 10

O RESULTADO

Você encontrará uma pessoa independente que encara as ideias e as informações como forças a serem usadas, ou terá que agir como uma. Vai faltar compaixão. Tome cuidado para que a solidão não transforme a força em rigidez, falta de tato ou austeridade.

POSIÇÃO 11

ESPADAS

REI DE ESPADAS

O INTELECTO

VOCÊ

POSIÇÃO 1

Você precisa usar seu intelecto para conseguir se impor. Sua instrução e o conhecimento de filosofia são importantes, assim como seus pensamentos ociosos e os devaneios. Você também pode resolver problemas usando a história, costumes, leis e a diplomacia.

O QUE O CERCA

POSIÇÃO 2

Você está cercado pelo desenvolvimento intelectual, pelos costumes e pela história. Os pensamentos ociosos, o *brainstorming* e os devaneios são tão essenciais quanto a cultura e a filosofia. Uma pessoa diplomática e intelectual poderá ajudar ou precisar de ajuda.

O QUE O BLOQUEIA

O intelectualismo, ou a ausência dele, bloqueia o progresso. As teorias podem falhar quando testadas na prática. O desenvolvimento intelectual pode estar ausente ou não ser muito valorizado. A diplomacia também pode ser um ponto delicado. Ou então uma pessoa intelectual pode ser o problema.

POSIÇÃO 3

SUA BASE

O desenvolvimento intelectual, os costumes e a história são cruciais para sua situação. Os pensamentos ociosos, o *brainstorming* e os devaneios são tão essenciais quanto a cultura e a filosofia. Uma pessoa diplomática e intelectual pode ser importante.

POSIÇÃO 4

O QUE ESTÁ ATRÁS DE VOCÊ

As regras e o desenvolvimento intelectual do passado afetam a situação atual. Se ideias elevadas foram valorizadas, tudo está bem. Se não foram, a mesquinhez precisa ser superada. A influência de uma pessoa diplomática e intelectual pode estar chegando ao fim.

POSIÇÃO 5

O QUE O REALIZA

Seria proveitoso valorizar o poder do intelecto. Visualize-se em uma nuvem, olhando para baixo enquanto a história do mundo se desenrola sob seus olhos. Compreenda que todas as mudanças importantes foram causadas por ideias. Descubra quais.

POSIÇÃO 6

O QUE ESTÁ DIANTE DE VOCÊ

Você logo encontrará uma pessoa intelectual cujo conhecimento de história, dos costumes, das leis e da diplomacia a torna muito poderosa, ou terá que agir como uma. A cultura e o conhecimento de filosofia vão adquirir nova importância.

POSIÇÃO 7

ESPADAS

POSIÇÃO 8 — COMO SE APRESENTAR

Apresente-se como uma pessoa intelectual cujo conhecimento de história, dos costumes, das leis e da diplomacia a torna muito poderosa. Mostre que a cultura e a filosofia são importantes. Demonstre sua capacidade para um bom *brainstorming*.

POSIÇÃO 9 — COMO OS OUTROS O CONSIDERAM

Os outros o consideram um intelectual cujo conhecimento de história, dos costumes, das leis e da diplomacia o torna poderoso. A cultura, a filosofia e a capacidade para um bom *brainstorming* parecem importantes para você. Alguns acham que você está com a cabeça nas nuvens.

POSIÇÃO 10 — SUAS ESPERANÇAS E MEDOS

Você espera poder usar seu intelecto para conseguir se impor, mas receia que talvez não consiga fazer isso. A cultura, a filosofia, a história, os costumes, as leis, a diplomacia ou os devaneios podem afetá-lo. Pode temer uma pessoa intelectual e diplomática, ou temer por ela.

POSIÇÃO 11 — O RESULTADO

Você encontrará uma pessoa intelectual cujo conhecimento de história, dos costumes, das leis e da diplomacia a torna muito poderosa, ou terá que agir como uma. A cultura e o conhecimento da filosofia vão adquirir nova importância.

ÁS DE COPAS

O AMOR

VOCÊ

Você precisa experimentar o sentimento de um novo amor ou de dar e receber amor incondicional. Dê e aceite amor em um novo nível. Abra o coração e deixe-se guiar pelas emoções. Seu jeito amoroso atrairá o amor.

POSIÇÃO 1

O QUE O CERCA

Você está cercado pelo amor. A possibilidade de encontrar um novo romance é real. Abra o coração para ele. Você pode sentir as emoções mais positivas. Seu jeito amoroso atrairá o amor. Uma pessoa com quem está envolvido poderá ajudar ou precisar de ajuda.

POSIÇÃO 2

POSIÇÃO 3 — O QUE O BLOQUEIA

O amor, ou a falta dele, pode bloquear o progresso. O amor incondicional nem sempre é apropriado. Concentrar-se em romances quando há trabalho a ser feito desperdiça tempo. A falta de amor faz a vida parecer sem sentido. Um envolvimento poderá não ser realmente bom para você agora.

POSIÇÃO 4 — SUA BASE

Sua capacidade de dar e receber amor incondicional e conhecer a felicidade é crucial para a situação. Experimente ou recupere os sentimentos que surgem nos primeiros dias de um verdadeiro romance. Lidar com as necessidades de uma pessoa com quem você esteja envolvido é essencial.

POSIÇÃO 5 — O QUE ESTÁ ATRÁS DE VOCÊ

No passado, você sentiu amor incondicional ou os sentimentos associados a um novo amor. O amor que perdura está sempre amadurecendo e se tornando algo melhor. Se isso não acontecer, a estagnação o faz definhar. A influência de um amor do passado pode estar chegando ao fim.

POSIÇÃO 6 — O QUE O REALIZA

Seria proveitoso conhecer o amor incondicional ou sentir o arrebatamento inebriante de um novo amor. Visualize seu coração criando asas e voando em direção ao céu para se unir ao coração de alguém que você ama ou de alguém que o ama. Atraia o amor para você.

POSIÇÃO 7 — O QUE ESTÁ DIANTE DE VOCÊ

Você logo encontrará ou sentirá o arrebatamento inebriante de um novo amor, mesmo em um relacionamento que já existe. Você poderá ter a chance de experimentar a alegria de dar e receber com o coração aberto. Espere uma surpresa agradável.

COMO SE APRESENTAR

Apresente-se como alguém que sabe como dar e receber amor de maneira incondicional. Deixe-se invadir pela alegria da vida, purificando suas emoções e enchendo-o de compaixão. Todos amam aquele que ama.

POSIÇÃO 8

COMO OS OUTROS O CONSIDERAM

Os outros o consideram uma pessoa que sabe como dar e receber amor incondicional. Alguém o vê como um enamorado. A maioria o vê como compassivo e consciente da alegria da vida. Alguns poderão considerá-lo alguém fácil de ser convencido e tentar se aproveitar de você.

POSIÇÃO 9

SUAS ESPERANÇAS E MEDOS

Você gostaria de dar e receber amor incondicional, mas teme que talvez não seja capaz disso. A oportunidade de amar chega para todos nós. Não é fraqueza e sim demonstração de coragem correr esse risco. Poderá temer um enamorado, ou temer por ele.

POSIÇÃO 10

O RESULTADO

Você encontrará ou sentirá o arrebatamento inebriante de um novo amor, mesmo em um relacionamento que já existe. Você poderá ter a chance de experimentar a alegria de dar e receber com o coração aberto. Espere uma surpresa agradável.

POSIÇÃO 11

COPAS

DOIS DE COPAS

O ROMANCE

POSIÇÃO 1

VOCÊ

Você precisa da troca de emoções clara, estimulante, solidária e sincera que é a dádiva de um relacionamento romântico, embora um bom relacionamento familiar ou de negócios possa servir. Aprenda o que o romance significa.

POSIÇÃO 2

O QUE O CERCA

Você está cercado pela chance de conhecer a troca emocional clara, estimulante, solidária e sincera que é a marca de um bom relacionamento romântico, embora um bom relacionamento familiar ou de negócios possa servir.

POSIÇÃO 3

O QUE O BLOQUEIA

O romance, ou a ausência dele, bloqueia o progresso. Ser excessivamente romântico ou se envolver demais nos relacionamentos a ponto de não ver mais nada é tão ruim quanto não ter nenhum. Não fique apenas apaixonado pelo romance. Um parceiro romântico pode ser o problema.

SUA BASE

Sua capacidade de participar de um relacionamento aberto, estimulante e solidário – romântico, familiar ou de negócios – no qual emoções sinceras são trocadas de maneira livre é crucial para sua situação. Poucas coisas são mais valiosas.

POSIÇÃO 4

O QUE ESTÁ ATRÁS DE VOCÊ

No passado, você conheceu a troca emocional clara, estimulante, solidária e sincera que é a marca de um bom relacionamento romântico, familiar ou de negócios. Essa experiência o preparou bem para futuros relacionamentos.

POSIÇÃO 5

O QUE O REALIZA

Seria proveitoso conhecer a troca emocional solidária e sincera que é a marca de um bom relacionamento romântico, familiar ou de negócios. Visualize como se sentirá quando estiverem juntos.

POSIÇÃO 6

O QUE ESTÁ DIANTE DE VOCÊ

Você logo terá a rara oportunidade de conhecer a troca emocional clara, estimulante, solidária e sincera que é a marca de um bom relacionamento romântico, familiar ou de negócios. Poucas coisas são mais valiosas.

POSIÇÃO 7

COMO SE APRESENTAR

Apresente-se como uma pessoa rara e afortunada que tem a capacidade de ser uma das metades de um bom relacionamento aberto, estimulante e solidário – romântico, familiar ou de negócios – no qual emoções sinceras são trocadas livremente.

POSIÇÃO 8

COPAS

POSIÇÃO 9 — COMO OS OUTROS O CONSIDERAM

Você é amado. Os outros percebem sua capacidade de ser uma das metades de um bom relacionamento aberto, estimulante e solidário – romântico, familiar ou de negócios – no qual emoções sinceras são trocadas livremente. Poucas coisas são mais valiosas.

POSIÇÃO 10 — SUAS ESPERANÇAS E MEDOS

Você espera ter um relacionamento sincero e solidário – romântico, familiar ou de negócios – no qual emoções sinceras são trocadas livremente, mas receia não o conseguir. Faça o possível para superar esse medo, porque é isso que o está detendo.

POSIÇÃO 11 — O RESULTADO

Você terá a rara oportunidade de conhecer a troca emocional clara, estimulante, solidária e sincera que é a marca de um bom relacionamento romântico, familiar ou de negócios. Poucas coisas são mais valiosas.

TRÊS DE COPAS
A CELEBRAÇÃO

VOCÊ

Você precisa estar repleto de gratidão pelas dádivas da vida e celebrar com aqueles com quem se importa. Preste atenção à qualidade dos seus alimentos e bebidas. Esta é uma ocasião na qual se divertir é tão importante quanto trabalhar arduamente.

POSIÇÃO 1

O QUE O CERCA

Você está cercado por amigos solidários e pela possibilidade de experimentar o riso, a celebração e a hospitalidade. As pessoas e os eventos poderão lhe fazer lembrar que deve ser grato pelas dádivas que a vida lhe ofereceu. Você está sendo chamado para participar da dança.

POSIÇÃO 2

POSIÇÃO 3 — O QUE O BLOQUEIA

Celebrar em excesso ou celebrar muito pouco bloqueia o progresso. A moderação é necessária, caso contrário não haverá nada para celebrar. Demonstrar um excesso de gratidão ou muito pouca gratidão pode causar dificuldades. Uma "pessoa festeira" pode ser o problema.

POSIÇÃO 4 — SUA BASE

Sua capacidade de sentir gratidão pelas dádivas da vida e de celebrar com aqueles com quem se importa é crucial para sua situação. Ser capaz de compartilhar e demonstrar gratidão também é essencial. Encontre um bom lugar para fazer a sua celebração.

POSIÇÃO 5 — O QUE ESTÁ ATRÁS DE VOCÊ

Você teve no passado a oportunidade de demonstrar gratidão pelas dádivas da vida e de celebrar com aqueles com quem se importava. Se a oportunidade não foi aproveitada, você desperdiçou tempo. Demonstre gratidão agora. Reserve algum tempo para se divertir.

POSIÇÃO 6 — O QUE O REALIZA

Seria proveitoso se sentir grato pelas dádivas da vida e celebrar com aqueles com quem se importa. Visualize-se ficando mais rico e compartilhando os tesouros da sua vida e expressando gratidão a todos. Faça planos para dar o tipo de festa que sempre quis.

POSIÇÃO 7 — O QUE ESTÁ DIANTE DE VOCÊ

Você logo terá a oportunidade de celebrar com aqueles com quem se importa e se sentir pleno de gratidão pelas dádivas da vida. Poderá haver algo magnífico a ser celebrado. Compartilhar fé, esperança e caridade poderá encorajar todos os envolvidos.

COMO SE APRESENTAR

Apresente-se como alguém que se sente repleto de gratidão pelas dádivas da vida e desejoso de celebrar com aqueles com quem se importa. Seja um exemplo vivo do poder da fé, da esperança e da caridade. Não precisa parecer tão sério ou responsável.

COMO OS OUTROS O CONSIDERAM

Os outros o veem como alguém que se sente repleto de gratidão pelas dádivas da vida e desejoso de celebrar com aqueles com quem se importa. A maioria acha que você está tentando equilibrar o trabalho com a diversão. Alguns podem pensar que está mais interessado em se divertir do que em trabalhar.

SUAS ESPERANÇAS E MEDOS

Você espera poder se permitir sentir que está repleto de gratidão pelas dádivas da vida e celebrar com aqueles com quem se importa, mas receia não conseguir fazer isso. Precisa deixar que a alegria acabe com seus medos. Você poderá temer uma "pessoa festeira" ou temer por ela.

O RESULTADO

Você terá a oportunidade de celebrar com aqueles com quem se importa e se sentir pleno de gratidão pelas dádivas da vida. Poderá haver algo maravilhoso a ser celebrado. Compartilhar fé, esperança e caridade poderá encorajar todos os envolvidos.

QUATRO DE COPAS

A REAVALIAÇÃO

POSIÇÃO 1

VOCÊ

Você pode precisar reavaliar as coisas. Se estiver entediado ou insatisfeito com a maneira como as coisas estão, evite distrações e escute o seu coração para adquirir clareza. "Chorar sobre o leite derramado" ou dizer "bem que eu te disse" não é interessante.

POSIÇÃO 2

O QUE O CERCA

Você está cercado pela necessidade da reavaliação. Você ou o seu trabalho podem ser reavaliados. Há insatisfação ou tédio com a maneira como as coisas estão. Tenha consciência de que os outros poderão "chorar sobre o leite derramado" ou dizer "bem que eu te disse".

O QUE O BLOQUEIA

O excesso ou ausência de reavaliação o bloqueia. A constante reavaliação causa desconfiança e instabilidade. Evitar a reavaliação apenas adia a dor até que a verdade seja finalmente revelada. Pense duas vezes antes de dizer "bem que eu te disse".

POSIÇÃO 3

SUA BASE

Sua capacidade de reavaliar as coisas e/ou de lidar com a reavaliação é crucial para a situação. É preciso evitar as distrações, bem como o medo do que o resultado desse processo vai produzir. Evite "chorar sobre o leite derramado".

POSIÇÃO 4

O QUE ESTÁ ATRÁS DE VOCÊ

No passado, a reavaliação o desafiou com sentimentos dolorosos. Se deixou de evitar a distração e de procurar respostas no "fundo do seu coração", você desperdiçou tempo. Aplique as lições daquela época à situação atual.

POSIÇÃO 5

O QUE O REALIZA

Seria proveitoso reavaliar sua situação. Visualize sua situação, mas olhe para ela como se estivesse acontecendo com desconhecidos. Esses desconhecidos estão fazendo o que você sabe que deveriam fazer? Estão prejudicando outras pessoas, mesmo que de modo involuntário?

POSIÇÃO 6

O QUE ESTÁ DIANTE DE VOCÊ

Em breve você perceberá a necessidade de uma reavaliação. Você pode estar reavaliando a situação. Fique consciente de que poderá ser você o alvo da reavaliação que está próxima. Evite "chorar sobre o leite derramado" ou dizer "bem que eu te disse".

POSIÇÃO 7

POSIÇÃO 8 — COMO SE APRESENTAR

Apresente-se como alguém que precisa reavaliar as coisas. Se você se sentir entediado ou insatisfeito, evite todas as distrações e medite para obter perspectivas claras. Você pode dizer "bem que eu te disse", mas somente se isso puder ajudar a evitar problemas futuros.

POSIÇÃO 9 — COMO OS OUTROS O CONSIDERAM

Os outros o veem como alguém que precisa reavaliar as coisas. Você pode parecer entediado ou insatisfeito com a maneira como as coisas estão. Alguns poderão vê-lo como alguém que vive se queixando, como alguém que diz "bem que eu te disse" ou alguém que está "chorando sobre o leite derramado".

POSIÇÃO 10 — SUAS ESPERANÇAS E MEDOS

Você tem esperança de poder reavaliar as coisas e vir a saber qual é sua posição, mas tem medo de que talvez não seja capaz de fazer isso. Talvez tenha receio de que goste menos ainda das conclusões a que chegar. Você pode ter medo de ouvir "bem que eu te disse".

POSIÇÃO 11 — O RESULTADO

Você perceberá a necessidade de uma reavaliação. Você pode estar reavaliando a situação. Fique consciente de que poderá ser você o alvo da reavaliação que está próxima. Evite "chorar sobre o leite derramado" ou dizer "bem que eu te disse".

CINCO DE COPAS
O DESAPONTAMENTO

VOCÊ

Você pode se sentir rejeitado ou desapontado. Pode sentir que precisa se afastar de alguém ou de alguma coisa. Compreenda as maneiras pelas quais sua decepção faz com que adquira uma experiência que poderá ajudá-lo a garantir o sucesso futuro.

POSIÇÃO 1

O QUE O CERCA

Você está cercado por sentimentos de desapontamento. Pode sentir rejeição ou o desejo de se afastar de alguma coisa. Sentir esse tipo de dor emocional proporciona uma valiosa sabedoria que poderá garantir o sucesso futuro.

POSIÇÃO 2

POSIÇÃO 3 — O QUE O BLOQUEIA

O desapontamento ou a rejeição bloqueia o progresso. Você pode sentir vontade de desistir, mas não deve fazer isso. Negar a decepção pode impedi-lo de deixar uma situação para trás no momento que deveria. O problema pode ser uma pessoa desapontada.

POSIÇÃO 4 — SUA BASE

Sua capacidade de sentir desapontamento, de até mesmo se afastar de alguém ou de alguma coisa, e ainda assim compreender que a perda é uma experiência que poderá garantir o sucesso futuro é crucial para sua situação. É fundamental lidar com uma pessoa desapontada.

POSIÇÃO 5 — O QUE ESTÁ ATRÁS DE VOCÊ

Um desapontamento que pode ter causado a rejeição de alguém ou de alguma coisa está afetando a situação atual. Se conseguir perceber como é esse processo, poderá superá-lo. Se não conseguir, não deixe que o passado interfira no presente.

POSIÇÃO 6 — O QUE O REALIZA

Seria proveitoso aceitar o desapontamento. Você talvez tenha que se afastar de alguém ou de alguma coisa. Visualize-se caminhando em direção ao futuro brilhante que deseja. Observe como você se sentirá quando chegar lá.

POSIÇÃO 7 — O QUE ESTÁ DIANTE DE VOCÊ

Uma época de desapontamento ou rejeição pode estar se aproximando. Você pode ter que se afastar de alguém ou de alguma coisa. Seja cuidadoso e conseguirá evitar isso por meio de aconselhamento profissional. Se isso não for possível, evite a depressão e o desânimo.

COMO SE APRESENTAR

Apresente-se como uma pessoa desapontada e no processo de se afastar de alguém, de algum lugar ou de alguma coisa. Mostre que você está procurando algo novo. Se estiver deprimido ou desanimado, busque aconselhamento profissional.

POSIÇÃO 8

COMO OS OUTROS O CONSIDERAM

Os outros o veem como alguém desapontado e talvez até mesmo inconsolável, deprimido ou desanimado. Você parece estar no processo de se afastar de alguém, de algum lugar ou de alguma coisa. Algumas pessoas acham que você precisa de aconselhamento profissional.

POSIÇÃO 9

SUAS ESPERANÇAS E MEDOS

Você pode ter esperança de evitar o desapontamento, a rejeição ou renunciar a alguém ou a alguma coisa, mas receia não ser capaz disso. Se o desapontamento acontecer, aprenda com ele e fique mais forte. Se o medo o deixar paralisado, busque aconselhamento profissional.

POSIÇÃO 10

O RESULTADO

O resultado pode ser um período de desapontamento ou rejeição. Você pode ter que se afastar de alguém ou de alguma coisa. Seja cuidadoso e conseguirá evitar isso por meio de aconselhamento profissional. Se isso não for possível, evite a depressão e o desânimo.

POSIÇÃO 11

COPAS

SEIS DE COPAS

A ALEGRIA

POSIÇÃO 1

VOCÊ

Você precisa experimentar uma alegria infantil. A criança que foi um dia ainda vive dentro de você e precisa de cuidados. Permita-se ter lembranças nostálgicas positivas da infância, dos amigos e da família. Se for possível, passe algum tempo com pessoas mais jovens.

POSIÇÃO 2

O QUE O CERCA

Você está cercado por uma alegria infantil. Um aroma ou outro estímulo dos seus sentidos poderá conduzi-lo a um devaneio nostálgico no qual residem memórias de amigos da infância e da família. Uma pessoa alegre e infantil poderá ajudar ou precisar de ajuda.

O QUE O BLOQUEIA

Um excesso de jovialidade, ou a ausência dela, bloqueia o progresso. O comportamento inapropriado ou infantil pode atuar contra você. Pode estar deixando de dar atenção à criança que vive dentro de você e que precisa de amor e diversão. Crianças do seu passado podem representar problemas.

POSIÇÃO 3

SUA BASE

Sua capacidade de valorizar e experimentar uma alegria infantil, nostalgia e a amizade imparcial e tolerante da juventude é crucial para a situação. É essencial lidar com a alegria de uma criança. Passe algum tempo com pessoas mais jovens.

POSIÇÃO 4

O QUE ESTÁ ATRÁS DE VOCÊ

Você conheceu no passado a alegria infantil. A nostalgia que você sente da sua juventude, dos antigos amigos ou dos "velhos tempos" restabelece a conexão com sua criança interior. Padrões de comportamento provenientes da sua infância podem estar perdendo força.

POSIÇÃO 5

O QUE O REALIZA

Seria proveitoso sentir uma alegria infantil e nostalgia da infância, dos velhos amigos e da família. Visualize-se experimentando suas memórias mais ternas da infância. Saboreie cada uma delas, vivenciando-as com todos os sentidos mais apurados.

POSIÇÃO 6

COPAS

O QUE ESTÁ DIANTE DE VOCÊ

Você logo experimentará uma alegria infantil. Seus sentidos poderão ativar um devaneio nostálgico no qual memórias da infância, dos amigos e da família o deixarão encantado. Uma criança ou alguém do seu passado poderá reaparecer. Divirta-se mais.

POSIÇÃO 7

COMO SE APRESENTAR

Apresente-se como uma pessoa que valoriza a inocência, a sabedoria e a sinceridade da juventude. Mostre que compreende a alegria infantil, os sentimentos de nostalgia, a vida em família, a lealdade e a amizade. Conscientize-se da sua "criança interior".

COMO OS OUTROS O CONSIDERAM

Os outros o veem como alguém que valoriza a inocência, a sabedoria e a sinceridade da juventude. Eles percebem que você entende a alegria infantil, os sentimentos de nostalgia, a vida em família, a lealdade, bem como a amizade e o amor da sua criança interior.

SUAS ESPERANÇAS E MEDOS

Você tem esperança de poder sentir alegria com a pureza das suas memórias nostálgicas da infância, dos amigos e da família, mas receia não ser capaz de senti-la. Você pode ter medo das memórias dolorosas do paraíso perdido. Ou então, pode temer ser responsável por uma criança.

O RESULTADO

Você experimentará uma alegria infantil. Seus sentidos poderão ativar um devaneio nostálgico no qual memórias da infância, dos amigos e da família o deixarão encantado. Uma criança ou alguém do seu passado poderá reaparecer. Divirta-se mais.

SETE DE COPAS
A ILUSÃO

VOCÊ

Você precisa separar o que é real do que é ilusão. Proteja-se dos pensamentos obscuros ou ilusórios. Aprenda o poder dos seus sonhos durante o sono e no estado desperto. Evite os arrebatamentos e o escapismo. Não decida nada enquanto não tiver certeza.

O QUE O CERCA

Você está cercado por um excesso de escolhas e pela confusão entre o que é real e o que é ilusão. Não aja enquanto não tiver certeza. Pode estar cercado por arrebatamentos e pelo escapismo. Uma pessoa tóxica ou com algum vício poderá ajudar ou, o que é mais provável, precisar de ajuda.

O QUE O BLOQUEIA

A ilusão bloqueia seu progresso. A ilusão e a fantasia podem ser úteis como fontes de invenção e criatividade, mas evite a dissimulação e o escapismo. Um excesso de escolhas ou o pensamento ilusório também podem obscurecer seu caminho. Evite todas as formas de embriaguez. Uma pessoa tóxica ou com algum vício talvez seja o problema.

SUA BASE

Sua capacidade de separar o que é real do que é ilusão é crucial para a situação. Espere até ter certeza antes de decidir como proceder. Evite a embriaguez, o escapismo e a confusão, bem como as pessoas tóxicas ou com algum vício.

O QUE ESTÁ ATRÁS DE VOCÊ

No passado, você viu os resultados dos arrebatamentos ou do excesso de escolhas. Se a realidade não foi separada da ilusão, e dos castelos de areia, tempo foi desperdiçado. Seja prático e poderá tornar suas inspirações realidade.

O QUE O REALIZA

Seria proveitoso ser capaz de separar o que é real do que é ilusão. Visualize-se sendo inspirado pelas escolhas atrativas à sua volta, mas retarde a ação até que sua cabeça e seu coração concordem em relação àquilo que é melhor para você.

O QUE ESTÁ DIANTE DE VOCÊ

Em breve, você encontrará a ilusão, a confusão ou a distração. Evite o arrebatamento e outras formas de escapismo. Distinga a inspiração criativa dos castelos de areia. Adie as decisões até ter certeza do que é melhor. É uma boa época para fantasiar, não para tomar decisões.

COMO SE APRESENTAR

Apresente-se como alguém que tenta separar a realidade da ilusão. Mostre claramente que você não poderá decidir enquanto não tiver certeza. Aja inspirado pelas suas numerosas escolhas, mas não se comprometa com nenhuma delas. Você talvez precise usar um disfarce.

POSIÇÃO 8

COMO OS OUTROS O CONSIDERAM

Os outros o consideram confuso e possivelmente inebriado. Alguns o veem como alguém inspirado por um magnífico espírito criativo. Outros o veem apenas como uma pessoa que sonha acordada e que é completamente irrealista. Alguns acham que você está escondendo alguma coisa.

POSIÇÃO 9

SUAS ESPERANÇAS E MEDOS

Você tem esperança de conseguir distinguir a realidade da ilusão, mas receia não ser capaz disso. Você pode ter medo de sonhar ou observar sua constituição psicológica. Evite o arrebatamento e o escapismo a todo custo. Você pode ter medo de precisar se esconder.

POSIÇÃO 10

O RESULTADO

Você encontrará a ilusão, a confusão ou a distração. Evite o arrebatamento e outras formas de escapismo. Distinga a inspiração criativa dos castelos de areia. Adie as decisões até ter certeza do que é melhor. É uma boa época para fantasiar, não para tomar decisões.

POSIÇÃO 11

COPAS

OITO DE COPAS

O SACRIFÍCIO

POSIÇÃO 1

VOCÊ

Você precisa se conscientizar mais dos sacrifícios físicos, mentais ou emocionais que estão ou serão envolvidos na situação atual. Pode ter que buscar uma causa mais digna dos seus esforços e sacrifícios. Você precisa se curar.

POSIÇÃO 2

O QUE O CERCA

Você está cercado pela chance de se conscientizar mais dos sacrifícios físicos, mentais ou emocionais que estão ou serão envolvidos na situação atual. O ganho precisa compensar a perda envolvida.

O QUE O BLOQUEIA

O sacrifício, ou a ausência dele, bloqueia seu progresso. A causa pode não ser meritória. Recursos físicos, mentais e emocionais podem se esgotar. Um sacrifício necessário pode não ser feito por você ou por outras pessoas. Sacrifícios podem ser desconsiderados, causando ressentimento.

POSIÇÃO 3

SUA BASE

Sua conscientização dos sacrifícios físicos, mentais ou emocionais que estão ou estarão envolvidos nas atuais circunstâncias é crucial para sua situação. Determine se a causa merece os sacrifícios requeridos.

POSIÇÃO 4

O QUE ESTÁ ATRÁS DE VOCÊ

Sacrifícios passados afetam a situação atual. Concentrar-se nos interesses dos outros pode tê-lo deixado descontente e esgotado física, mental, emocional ou financeiramente. Você não precisa se sacrificar novamente no futuro próximo.

POSIÇÃO 5

O QUE O REALIZA

Seria proveitoso ser mais consciente dos sacrifícios físicos, mentais ou emocionais que estão ou estarão envolvidos na sua situação. Visualize nos pratos de uma balança os possíveis ganhos e sacrifícios requeridos.

POSIÇÃO 6

COPAS

O QUE ESTÁ DIANTE DE VOCÊ

Em breve poderá ser necessário que você se conscientize mais dos sacrifícios físicos, mentais ou emocionais que estão ou estarão envolvidos na atual situação. Uma causa ou orientação mais meritória talvez tenha que ser encontrada. Você precisa se curar.

POSIÇÃO 7

POSIÇÃO 8 — COMO SE APRESENTAR

Apresente-se como uma pessoa que está consciente dos sacrifícios físicos, mentais ou emocionais que estão ou estarão envolvidos na atual situação. Demonstre que pode determinar se a causa merece esses sacrifícios.

POSIÇÃO 9 — COMO OS OUTROS O CONSIDERAM

Os outros o veem como alguém consciente dos sacrifícios físicos, mentais ou emocionais que estão ou estarão envolvidos na atual situação e de como será afetado por eles. Você pode parecer magoado, explorado, esgotado ou descontente.

POSIÇÃO 10 — SUAS ESPERANÇAS E MEDOS

Você espera poder evitar fazer sacrifícios cujos resultados são indignos das perdas, mas receia não ser capaz de consegui-lo. O resultado da sua situação determinará se o que foi sacrificado valeu a pena.

POSIÇÃO 11 — O RESULTADO

Será necessário que você se conscientize mais dos sacrifícios físicos, mentais ou emocionais que estão ou estarão envolvidos na atual situação. Uma causa ou orientação mais meritória talvez tenha que ser encontrada. Você precisa se curar.

NOVE DE COPAS
A REALIZAÇÃO

VOCÊ

Você precisa ter consciência do que é a realização. Um desejo pode ser concedido, mas virá de uma maneira própria e, talvez, de modo inesperado. Esteja certo de desejar o que é melhor para você e os seus porque provavelmente vai conseguir o que quer.

POSIÇÃO 1

O QUE O CERCA

Você está cercado pela chance de ter seu desejo concedido. Isso poderá acontecer de uma maneira inesperada ou depois de uma pequena demora, mas saiba que este é um período muito afortunado para você. A chance de conhecer a realização é real.

POSIÇÃO 2

POSIÇÃO 3 — O QUE O BLOQUEIA

A realização, ou a ausência dela, bloqueia o progresso. As metas do presente podem não ser as que mais beneficiam seus interesses. Um desejo realizado ou realizado com excessiva facilidade pode não ser satisfatório. Esperar que as coisas aconteçam à sua maneira impede que enxergue alternativas.

POSIÇÃO 4 — SUA BASE

A conscientização das numerosas maneiras pelas quais a situação atual é a realização de sonhos e desejos do passado é crucial para a situação. Concentre-se no que tem, não no que lhe falta. Poderá receber um presente ou ter um desejo realizado.

POSIÇÃO 5 — O QUE ESTÁ ATRÁS DE VOCÊ

No passado, você alcançou seu desejo. Ele pode ter acontecido de uma maneira inesperada. Talvez não tenha consciência de que seu desejo foi realizado, mas ele pode fortalecê-lo se, agora, dedicar um tempo para ver como isso aconteceu.

POSIÇÃO 6 — O QUE O REALIZA

Seria proveitoso se conscientizar das numerosas maneiras pelas quais seus desejos foram realizados no passado. Visualize-se com um Gênio da Lâmpada que tenha concedido esses desejos e que concederá outro agora. Peça o que realmente quer.

POSIÇÃO 7 — O QUE ESTÁ DIANTE DE VOCÊ

Você em breve verá seu desejo realizado de uma maneira feliz. Fique atento, porque pode acontecer de uma forma inesperada. Esteja certo de desejar o que de fato quer porque você provavelmente vai consegui-lo. Você está "com sorte" agora e pode conseguir o que quer se pedir da maneira certa.

COMO SE APRESENTAR

Apresente-se como uma pessoa afortunada que se sente contente, satisfeita e realizada. Demonstre que teve seus desejos realizados. Deixe claro que quer ajudar as outras pessoas a ter também seus desejos realizados.

POSIÇÃO 8

COMO OS OUTROS O CONSIDERAM

Os outros o consideram uma pessoa afortunada que se sente contente, satisfeita e realizada. Percebem que você está consciente das inúmeras maneiras pelas quais seus desejos foram realizados. Eles o consideram uma pessoa de sorte, e que dá sorte a quem se aproxima.

POSIÇÃO 9

SUAS ESPERANÇAS E MEDOS

Você tem esperança de que seus desejos se realizem, mas receia que não sejam concedidos ou que o resultado de eles serem concedidos venha a causar problemas. Deseje o que é melhor para todos os envolvidos. Você pode temer que as preces não sejam ouvidas.

POSIÇÃO 10

O RESULTADO

Você verá seu desejo realizado de uma maneira feliz. Fique atento, porque pode acontecer de uma maneira inesperada. Esteja certo de desejar o que de fato quer porque você provavelmente vai consegui-lo. Você está "com sorte" agora e pode conseguir o que quer se pedir da maneira certa.

POSIÇÃO 11

COPAS

DEZ DE COPAS

O SUCESSO

POSIÇÃO 1

VOCÊ

Você precisa se conscientizar mais do quanto é bem-sucedido e respeitado. Você nunca obterá mais do que tem agora enquanto não se fortalecer reconhecendo o que fez. O sucesso é como você o define.

POSIÇÃO 2

O QUE O CERCA

Você tem uma atmosfera de sucesso ao seu redor. Está em uma posição na qual pode alcançar uma meta que, talvez, atraia sucesso pessoal duradouro e felicidade familiar. Você é respeitado. Uma pessoa bem-sucedida poderá ajudar ou precisar de ajuda.

O QUE O BLOQUEIA

O sucesso, ou a ausência dele, bloqueia o progresso. O sucesso excessivo pode tornar difícil lidar com o fracasso. A ausência do sucesso ou de uma reputação talvez seja desencorajadora e enfraqueça os esforços. A inveja de uma pessoa bem-sucedida pode ser o problema.

POSIÇÃO 3

SUA BASE

Sua conscientização do quanto é bem-sucedido e respeitado é crucial para a situação. Para alcançar um sucesso maior, você deve se fortalecer reconhecendo o que fez e demonstrando-o. É essencial lidar com o sucesso dos outros.

POSIÇÃO 4

O QUE ESTÁ ATRÁS DE VOCÊ

No passado, você foi bem-sucedido e respeitado por isso. Sua reputação é sólida. Interações bem-sucedidas com amigos, parentes e parceiros comerciais talvez o ajudem agora. A influência de uma pessoa bem-sucedida pode estar chegando ao fim.

POSIÇÃO 5

O QUE O REALIZA

Seria proveitoso se conscientizar mais do quanto é bem-sucedido e respeitado. Visualize as metas que alcançou e aqueles que ficariam emocionados apenas por ter o que você tem. Sinta o amor daqueles que desejam seu sucesso.

POSIÇÃO 6

COPAS

O QUE ESTÁ DIANTE DE VOCÊ

Você logo se conscientizará do quanto é bem-sucedido e respeitado. Pode alcançar uma meta que traga felicidade duradoura. Sua reputação pode ser aprimorada. Talvez ganhe um prêmio. Uma pessoa bem-sucedida poderá estar envolvida.

POSIÇÃO 7

POSIÇÃO 8 — COMO SE APRESENTAR

Apresente-se como uma pessoa consciente das numerosas maneiras pelas quais é bem-sucedida e respeitada. Aja como se tivesse alcançado uma importante meta e descoberto sua família espiritual. Seja gentil e cortês para evitar a inveja.

POSIÇÃO 9 — COMO OS OUTROS O CONSIDERAM

Os outros o consideram uma pessoa bem-sucedida e respeitada. Percebem que você encontrou sua família espiritual. A maioria considera que a história da sua vida deve ser imitada. Os poucos invejosos poderão vê-lo como alguém que ostenta seu sucesso diante deles.

POSIÇÃO 10 — SUAS ESPERANÇAS E MEDOS

Você pode ter esperança de ser considerado bem-sucedido por si mesmo e pelos outros, mas teme que isso não aconteça. Talvez tenha medo de que o preço de alcançar o sucesso seja muito elevado. Você pode temer uma pessoa bem-sucedida, ou temer por ela.

POSIÇÃO 11 — O RESULTADO

Você se conscientizará do quanto é bem-sucedido e respeitado. Pode alcançar uma meta que traga felicidade duradoura. Sua reputação pode ser aprimorada. Talvez ganhe um prêmio. Uma pessoa bem-sucedida poderá estar envolvida.

VALETE DE COPAS

A TERNURA

VOCÊ

Você precisa se concentrar na comunicação de sentimentos, palpites e sonhos afetuosos. Você está em processo de gestação de ideias românticas e fantasias idealizadas. Equilibre a lógica com a intuição, e as verá nascer na sua vida.

POSIÇÃO 1

O QUE O CERCA

Você está cercado pela necessidade de atribuir mais importância à comunicação de sentimentos, palpites e sonhos. Este pode ser um período romântico, se permitir. Uma pessoa jovem, carinhosa e sensível poderá ajudar ou precisar de ajuda.

POSIÇÃO 2

POSIÇÃO 3 — O QUE O BLOQUEIA

Ser carinhoso demais, ou não ser carinhoso o bastante, bloqueia o progresso. O excesso de ternura pode tornar a pessoa frágil demais. A ternura que é contida ou mal aplicada pode causar insegurança e retardar o crescimento. O problema talvez seja uma pessoa jovem e sensível.

POSIÇÃO 4 — SUA BASE

Sua capacidade de valorizar e comunicar sentimentos, intuições e sonhos é crucial para a situação. Sua habilidade em lidar com notícias de natureza emocional é essencial. Lidar com a ternura e a sensibilidade de uma pessoa jovem também é importante.

POSIÇÃO 5 — O QUE ESTÁ ATRÁS DE VOCÊ

No passado, a comunicação de sentimentos, intuições e sonhos foi uma questão importante. As lições aprendidas naquela época podem afetar o presente para o bem ou para o mal. A influência de uma pessoa jovem e carinhosa talvez esteja chegando ao fim.

POSIÇÃO 6 — O QUE O REALIZA

Seria proveitoso comunicar sentimentos, intuições e sonhos. Visualize-se em processo de gestação desses sentimentos afetuosos. Veja a si mesmo agora dando à luz esses sentimentos, introduzindo-os em um mundo amoroso que precisa deles.

POSIÇÃO 7 — O QUE ESTÁ DIANTE DE VOCÊ

Você em breve encontrará uma pessoa versada na comunicação de amor, de sentimentos, de sonhos ou de intuições, ou terá que agir como uma. Poderá ter que lidar com a ternura de uma pessoa jovem. Talvez tenha que "dar à luz" alguma coisa.

COMO SE APRESENTAR

Apresente-se como uma pessoa carinhosa. Demonstre seu interesse pela comunicação de sentimentos, intuições e sonhos. Vista-se com capricho. Seja a rara pessoa romântica que não deixa que as emoções sejam dominadas pela lógica.

COMO OS OUTROS O CONSIDERAM

Os outros o consideram uma pessoa carinhosa e prestativa. A maioria o considera interessado na comunicação de sentimentos, intuições e sonhos. Alguns podem achar que você é muito romântico e indolente, e que depende demais dos outros.

SUAS ESPERANÇAS E MEDOS

Você espera que os sentimentos, intuições e sonhos darão frutos valiosos, mas receia não ter a maturidade emocional necessária para eles. Talvez tenha medo da gravidez ou de dar à luz. Pode temer uma pessoa jovem e sensível, ou temer por ela.

O RESULTADO

Você encontrará uma pessoa versada na comunicação de amor, de sentimentos, de sonhos ou de intuições, ou terá que agir como uma. Poderá ter que lidar com a ternura de uma pessoa jovem. Talvez tenha que "dar à luz" alguma coisa.

CAVALEIRO DE COPAS

O ENCANTO

VOCÊ

POSIÇÃO 1

Você precisa ser charmoso e simpático com as pessoas, independentemente do sexo delas, ao mesmo tempo que expressa, de modo único, a perspectiva romântica e poética da vida. Você talvez esteja apaixonado pelo próprio amor. Precisa explorar cuidadosamente sua sexualidade.

O QUE O CERCA

POSIÇÃO 2

Você está cercado por emoções e pessoas emotivas. Os encantos de uma perspectiva de vida romântica e poética o estão atraindo. Evite os mentirosos ou o floreio exagerado da verdade. A sexualidade precisa ser explorada com cuidado. Uma pessoa jovem e encantadora poderá ajudar ou precisar de ajuda.

O QUE O BLOQUEIA

O encanto, ou a ausência dele, pode bloquear seu progresso. O excesso de charme pode parecer forjado, mesmo que seja sincero. A ausência do encanto e do romance torna a vida desinteressante. A sexualidade pode causar contratempos. Uma pessoa jovem e encantadora talvez seja o problema.

POSIÇÃO 3

SUA BASE

É crucial para a situação sua habilidade em ser charmoso e simpático com as pessoas, independentemente do sexo delas, ao mesmo tempo que expressa a perspectiva romântica e poética da vida do seu jeito exclusivo. Lidar com o charme de uma pessoa jovem é essencial.

POSIÇÃO 4

O QUE ESTÁ ATRÁS DE VOCÊ

No passado, ser charmoso e simpático com as pessoas, independentemente do sexo delas, e expressar a perspectiva romântica e poética da vida fez com que você aprendesse lições que podem ser aplicadas agora. A influência de uma pessoa jovem e encantadora pode estar chegando ao fim.

POSIÇÃO 5

O QUE O REALIZA

Seria proveitoso ser charmoso e simpático com outras pessoas, expressando uma perspectiva amorosa, romântica e poética do mistério da vida. Visualize-se em uma cena do seu romance favorito. Sinta cada sentimento. Saboreie-os.

POSIÇÃO 6

COPAS

O QUE ESTÁ DIANTE DE VOCÊ

Você em breve encontrará uma pessoa que é muito charmosa e simpática com outras pessoas, independentemente do sexo delas, ou terá que agir como uma. Um espírito romântico com uma visão poética do amor e da vida poderá levá-lo longe. A sexualidade será explorada cuidadosamente.

POSIÇÃO 7

POSIÇÃO 8 — COMO SE APRESENTAR

Apresente-se como alguém charmoso e simpático com as pessoas, independentemente do sexo delas, ao mesmo tempo que expressa uma perspectiva romântica e poética da vida. Explore cuidadosamente sua sexualidade, mas faça isso de uma maneira que não revele seus segredos.

POSIÇÃO 9 — COMO OS OUTROS O CONSIDERAM

Os outros o consideram charmoso e simpático com todas as pessoas, independentemente do sexo delas, e alguém que expressa uma perspectiva da vida romântica. Alguns poderão achar que você está prometendo demais. Outros consideram que está explorando cuidadosamente sua sexualidade.

POSIÇÃO 10 — SUAS ESPERANÇAS E MEDOS

Você tem esperança de ser charmoso e simpático com as pessoas, independentemente do sexo delas, ao mesmo tempo que expressa uma perspectiva romântica e poética da vida, mas receia que suas ações sejam mal interpretadas. Talvez tenha medo de explorar sua sexualidade.

POSIÇÃO 11 — O RESULTADO

Você encontrará uma pessoa que é muito charmosa e simpática com outras pessoas, independentemente do sexo delas, ou terá que agir como uma. Um espírito romântico com uma visão poética do amor e da vida poderá levá-lo longe. A sexualidade será explorada cuidadosamente.

RAINHA DE COPAS

A EMPATIA

VOCÊ

Você precisa mostrar empatia pela fragilidade humana, inclusive pela sua. Pense com o coração, não com a cabeça. Descubra como as pessoas carentes enfrentam os desafios da vida e compartilhe seu conhecimento. Fique atento para não se aproximar demais.

POSIÇÃO 1

O QUE O CERCA

Você está cercado por uma atmosfera de empatia pela fragilidade humana. Segredos precisam ser guardados no esforço de serem úteis. Uma pessoa empática poderá ajudar ou precisar de ajuda, embora possa dar impressão de querer se intrometer demais.

POSIÇÃO 2

O QUE O BLOQUEIA

A empatia, ou a falta dela, pode bloquear seu progresso. O excesso de empatia torna o pensamento racional impossível. A falta dela impede que a verdadeira situação seja conhecida e desperdiça tempo. Uma pessoa muito sensível pode ser o problema.

SUA BASE

Sua capacidade de sentir empatia pela fragilidade humana é crucial para a situação. Você talvez tenha que aprender e/ou ensinar como as pessoas carentes lidam com os altos e baixos da vida. Estenda a mão, mas não dê esmola. Uma pessoa empática poderá ser importante para você.

O QUE ESTÁ ATRÁS DE VOCÊ

No passado, você aprendeu a respeito do sofrimento e dos custos e benefícios de sentir empatia pela fragilidade humana. Aplique o que aprendeu à sua situação atual. A influência de uma pessoa empática pode estar diminuindo.

O QUE O REALIZA

Seria proveitoso sentir empatia pela fragilidade humana. Visualize-se como a pessoa que está tentando compreender. Veja-se, de fato, vivendo a vida dela a partir do ponto de vista dela. Experimente essa sensação e guarde-a para mais tarde.

O QUE ESTÁ DIANTE DE VOCÊ

Você poderá encontrar em breve uma pessoa que sente empatia pela fragilidade humana, ou precisar agir como uma. Poderá ter que aprender e/ou ensinar em breve como as pessoas carentes lidam com os altos e baixos da vida. Uma pessoa empática poderá se tornar importante.

COMO SE APRESENTAR

Apresente-se como uma pessoa que sente empatia pela fragilidade humana. Demonstre que sabe como as pessoas carentes lidam com os altos e baixos da vida. Talvez queira ensinar os outros a enfrentar as dificuldades. Se for este o caso, estenda a mão a eles, mas não dê esmola.

POSIÇÃO 8

COMO OS OUTROS O CONSIDERAM

Os outros o veem como alguém que sente empatia pela fragilidade humana. Percebem que você sabe como as pessoas carentes lidam com os altos e baixos da vida. Você parece disposto a compartilhar seus conhecimentos. Alguns poderão considerá-lo muito misterioso ou intrometido demais.

POSIÇÃO 9

SUAS ESPERANÇAS E MEDOS

Você espera resolver os problemas dos outros, mas receia o que irá acontecer, quer os resolva, quer não. Pode ter medo de sufocar a iniciativa daqueles que ajuda e parecer intrometido. Talvez tenha medo de se aproximar. Você pode temer uma pessoa empática, ou temer por ela.

POSIÇÃO 10

O RESULTADO

Você poderá encontrar uma pessoa que sente empatia pela fragilidade humana, ou precisar agir como uma. Você talvez tenha que aprender e/ou ensinar como as pessoas carentes lidam com os altos e baixos da vida. Uma pessoa empática poderá se tornar importante.

POSIÇÃO 11

COPAS

REI DE COPAS

A CONSIDERAÇÃO

POSIÇÃO 1

VOCÊ

Você precisa ser atencioso enquanto aconselha os outros. Talvez precise compreender por que sentimentos fortes vieram à tona e qual a melhor maneira de lidar com eles. Não reprima as emoções. Você precisa conhecer a vida de um artista.

POSIÇÃO 2

O QUE O CERCA

Você está cercado pela consideração e pela capacidade de aconselhar os outros com sabedoria. Embora alguém possa sentir ciúme, é possível agora entender as emoções e lidar com elas. Um mentor, um agente de cura ou um artista poderá ajudar ou precisar de ajuda.

O QUE O BLOQUEIA

A consideração, ou a falta dela, pode bloquear o progresso. O excesso de consideração é visto como uma fraqueza por aqueles que não a merecem. A desconsideração ou a inveja podem magoá-lo. Um mentor, agente de cura ou artista poderá ajudar ou precisar de ajuda.

POSIÇÃO 3

SUA BASE

Sua capacidade de ser atencioso e aconselhar os outros enquanto sente fortes emoções e lida com elas é crucial para sua situação. É necessário um entendimento das artes e das ciências humanas. Um mentor, agente de cura ou artista pode ser importante.

POSIÇÃO 4

O QUE ESTÁ ATRÁS DE VOCÊ

No passado, a capacidade de ser atencioso e aconselhar os outros enquanto sentia fortes emoções e lidava com elas foi testada. Os resultados desse teste precisam ser aplicados agora. A influência de um mentor, agente de cura ou artista pode estar diminuindo.

POSIÇÃO 5

O QUE O REALIZA

Seria proveitoso ser atencioso e aconselhar os outros com sabedoria enquanto sente fortes emoções e lida com elas. Visualize-se como um pastor que guarda seu rebanho de entes queridos. Não se ressinta de outras pessoas que também ofereçam ajuda.

POSIÇÃO 6

O QUE ESTÁ DIANTE DE VOCÊ

Você em breve encontrará uma pessoa que sabe como ser um mentor, agente de cura ou artista, ou terá que agir como uma. Seja o mestre das suas emoções, e busque compreendê-las, não as reprimir. Estude a vida de um mestre ou filósofo.

POSIÇÃO 7

COPAS

POSIÇÃO 8 — COMO SE APRESENTAR

Apresente-se como o mestre das suas emoções. Mostre que é um orientador sábio e atencioso que busca compreender emoções fortes. Valorize as artes e a filosofia. Demonstre seu estilo exclusivo de capacidade criativa.

POSIÇÃO 9 — COMO OS OUTROS O CONSIDERAM

Os outros o veem como o mestre das suas emoções, um orientador atencioso que busca lidar de modo criativo com sentimentos fortes. Se está com ciúme ou inveja, o veem como uma pessoa que lida com o tumulto de emoções. Alguns o veem como um mentor, agente de cura ou artista.

POSIÇÃO 10 — SUAS ESPERANÇAS E MEDOS

Você espera ser um orientador atencioso, capaz de lidar de modo criativo com fortes emoções, mas receia não ser capaz disso. Talvez receie os efeitos do ciúme ou da inveja. Você pode temer um mentor, um agente de cura ou um artista, ou temer por ele.

POSIÇÃO 11 — O RESULTADO

Você encontrará uma pessoa que sabe como ser um mentor, agente de cura ou artista, ou terá que agir como uma. Seja o mestre das suas emoções, e busque compreendê-las, não as reprimir. Estude a vida de um mestre ou filósofo.

ÁS DE OUROS
A RECOMPENSA

VOCÊ

Você precisa alcançar um novo nível de riqueza material e poder. Ele poderá chegar a você como a materialização de uma ideia, um presente, uma herança, uma bonificação, uma promoção ou outro tipo de recompensa. A chance de um ganho financeiro é real.

POSIÇÃO 1

O QUE O CERCA

Você está cercado pela materialização da riqueza e do poder. Se aprender e aplicar as lições dessa interpretação, poderá ser capaz de reivindicar sua rica recompensa. A chance de um novo ganho financeiro é real.

POSIÇÃO 2

OUROS

POSIÇÃO 3

O QUE O BLOQUEIA

A recompensa, ou a falta dela, bloqueia o progresso. Concentrar-se na recompensa que poderia ser obtida pode distraí-lo do trabalho que tem diante de si. A falta de retribuição torna difícil para a pessoa continuar tentando. Uma recompensa poderá não vir como esperado.

POSIÇÃO 4

SUA BASE

Sua capacidade de acreditar que agora tem recursos suficientes para alcançar sua meta é crucial para a situação. Esta é uma técnica antiga que funciona. Um recomeço que diz respeito à riqueza, ao poder e aos assuntos práticos está aqui.

POSIÇÃO 5

O QUE ESTÁ ATRÁS DE VOCÊ

No passado, um desejo arraigado se tornou real e foi uma recompensa para a sabedoria e a dedicação. Muita energia positiva foi criada. Você pode agora recorrer a essa energia e ao que foi aprendido naquela ocasião.

POSIÇÃO 6

O QUE O REALIZA

Seria proveitoso ver um desejo arraigado se tornar real como uma recompensa pela sabedoria e dedicação. Entre em sintonia com a lei de causa e efeito para que esta lhe conceda o que merece. Entenda que essa visualização produz ricas recompensas.

POSIÇÃO 7

O QUE ESTÁ DIANTE DE VOCÊ

Você desfrutará em breve de uma rica recompensa, embora ela possa acontecer de uma forma que você tenha dificuldade de enxergar. Se você se preparou corretamente, muito lucro e riqueza poderão advir. Você precisa entender que mereceu essa recompensa, quer os outros achem ou não que você a merece.

COMO SE APRESENTAR

Apresente-se como uma pessoa muito próspera que já desfrutou muitas recompensas e pode mostrar aos outros como obter as deles. Demonstre que tem uma nova oportunidade de ganho financeiro. É como se você tivesse o toque de Midas.

POSIÇÃO 8

COMO OS OUTROS O CONSIDERAM

Os outros o consideram uma pessoa muito bem-sucedida que tem desfrutado várias recompensas e que pode mostrar aos outros como obter as deles. Eles percebem que você representa uma nova oportunidade de grandes ganhos financeiros. É como se você tivesse o toque de Midas.

POSIÇÃO 9

SUAS ESPERANÇAS E MEDOS

Você espera que vá desfrutar de uma rica recompensa, mas receia que não possa merecê-la. Você também pode temer não saber lidar com as mudanças que aconteceriam se conseguisse o que deseja. Pode ter medo do sucesso ou de ser rico.

POSIÇÃO 10

O RESULTADO

Você desfrutará de uma rica recompensa, embora ela possa acontecer de uma forma que você tenha dificuldade de enxergar. Se você se preparou corretamente, muito lucro e riqueza poderão advir. Você precisa entender que mereceu essa recompensa, quer os outros achem ou não que você a merece.

POSIÇÃO 11

OUROS

DOIS DE OUROS
A MUDANÇA

POSIÇÃO 1

VOCÊ

Você precisa ser capaz de lidar com a mudança. Por enquanto, talvez seja melhor ter uma ou mais coisas em andamento do que se concentrar em apenas uma. Precisa permanecer centrado ao mesmo tempo que se mantém flexível e bem-informado. Conhece-te a ti mesmo.

POSIÇÃO 2

O QUE O CERCA

Você está cercado por mudanças rápidas e constantes e por instabilidade. Você não pode confiar em circunstâncias para permanecer o mesmo durante muito tempo. Precisa permanecer centrado ou será jogado de um lado para o outro pela inconstância. Uma pessoa instável poderá ajudar ou precisar de ajuda.

O QUE O BLOQUEIA

A mudança, ou a ausência dela, bloqueia o progresso. O excesso de mudança torna impossível planejar ou se sentir seguro. A ausência da mudança é entediante e faz com que a ela aconteça de maneiras desagradáveis. Uma pessoa instável pode ser o problema.

SUA BASE

Sua capacidade de lidar com a mudança ou com uma pessoa volúvel é crucial para a situação. É uma época instável. Você precisa agir sem bases seguras e estáveis. Precisa permanecer centrado ao mesmo tempo que se mantém flexível, versátil e bem informado.

O QUE ESTÁ ATRÁS DE VOCÊ

No passado, condições instáveis exigiram que permanecesse flexível e bem-informado. Era fundamental ter duas ou mais coisas em andamento em vez de se concentrar em apenas uma. Aplique essa lição. A influência de uma pessoa inconstante pode estar chegando ao fim.

O QUE O REALIZA

Seria proveitoso ser versátil e lidar bem com a mudança. Visualize-se como o olho de um furacão, sempre calmo e tranquilo, não importa a velocidade dos ventos que giram ao seu redor.

O QUE ESTÁ DIANTE DE VOCÊ

Você logo encontrará um período de mudança e instabilidade. Talvez tenha que se concentrar em duas ou mais coisas ao mesmo tempo. Permaneça centrado e bem-informado ao mesmo tempo que se mantém flexível e versátil. Uma pessoa inconstante poderá estar envolvida.

POSIÇÃO 8 — COMO SE APRESENTAR

Apresente-se como uma pessoa versátil, flexível e capaz de mudar conforme a situação exigir. Mostre que não está na hora de se comprometer com nada, então decida por não decidir.

POSIÇÃO 9 — COMO OS OUTROS O CONSIDERAM

Os outros o consideram uma pessoa versátil, flexível e capaz de mudar conforme a situação exigir. Eles o veem como alguém que tenta lidar com duas ou mais coisas ao mesmo tempo. Quando você está estressado, alguns podem considerá-lo inconstante ou falso.

POSIÇÃO 10 — SUAS ESPERANÇAS E MEDOS

Você tem esperança de conseguir lidar com a mudança e a instabilidade, mas receia não ser capaz disso. Você talvez tenha medo de que esta situação nunca se resolva por completo. Pode temer uma pessoa inconstante, ou temer por ela.

POSIÇÃO 11 — O RESULTADO

Você encontrará um período de mudança e instabilidade. Poderá ter que se concentrar em duas ou mais coisas ao mesmo tempo. Permaneça centrado e bem-informado ao mesmo tempo que se mantém flexível e versátil. Uma pessoa inconstante poderá estar envolvida.

TRÊS DE OUROS
O TRABALHO

VOCÊ

Você precisa ter um trabalho que o satisfaça. Pense no seu trabalho como cuida do seu jardim. Você talvez precise de ajuda. Pode ser proveitoso compartilhar seu trabalho com um parceiro, mas apenas se ele for tão correto quanto você.

POSIÇÃO 1

O QUE O CERCA

Você está cercado pela chance de ter um trabalho que possa ser satisfatório. Pense no seu trabalho como cuida do seu jardim. Há pessoas com ideias afins à sua volta. Um colega de trabalho ou alguém que presta serviços poderá ajudar ou precisar de ajuda.

POSIÇÃO 2

POSIÇÃO 3 — O QUE O BLOQUEIA

O trabalho, ou a falta dele, bloqueia o progresso. O excesso de trabalho, ou um trabalho de que não gosta, poderá fazer a vida parecer muito ruim. A falta de trabalho destrói a autoestima. Um colega de trabalho ou alguém que presta serviços pode ser o problema.

POSIÇÃO 4 — SUA BASE

Sua habilidade de executar um trabalho satisfatório é crucial para sua situação. Trabalhar precisa ser como cuidar de um jardim. Trabalhe com pessoas com ideias afins. Lidar com a ética de um colega de trabalho ou de alguém que presta serviços é essencial.

POSIÇÃO 5 — O QUE ESTÁ ATRÁS DE VOCÊ

No passado, você conseguiu ter um trabalho satisfatório. Trabalhar era como cuidar do seu jardim. Essa atitude e a capacidade de trabalhar com os outros podem ajudá-lo. A influência de um colega de trabalho pode estar chegando ao fim.

POSIÇÃO 6 — O QUE O REALIZA

Seria proveitoso estar executando um trabalho satisfatório. Visualize seu trabalho como cuida do seu jardim. Veja-se preparando o solo, arrancando as ervas daninhas e fazendo a colheita. Saiba que a ajuda está disponível se você desejar.

POSIÇÃO 7 — O QUE ESTÁ DIANTE DE VOCÊ

Você logo terá a oportunidade de encontrar um trabalho satisfatório. Ele será como cuidar de um jardim. Poderá ser benéfico para você trabalhar com outras pessoas, desde que sejam tão corretas quanto você. Um colega de trabalho ou alguém que presta serviços poderá estar envolvido.

COMO SE APRESENTAR

Apresente-se como alguém que gosta da ocupação que escolheu. Mostre que está disposto a arregaçar as mangas e fazer tudo sozinho, mas que trabalha bem em equipe quando os outros também se esforçam ao máximo. Demonstre sua habilidade de prestar serviço.

POSIÇÃO 8

COMO OS OUTROS O CONSIDERAM

Os outros acham que você gosta da ocupação que escolheu. Percebem que você está disposto a arregaçar as mangas e fazer tudo sozinho, mas que trabalha bem em equipe quando todos se esforçam ao máximo. Alguns podem considerá-lo um serviçal.

POSIÇÃO 9

SUAS ESPERANÇAS E MEDOS

Você tem esperança de obter um trabalho que seja satisfatório, mas receia não poder consegui-lo. Talvez tenha medo de tentar fazer com que esse sonho se torne realidade. Você pode temer ser um serviçal. Pode temer um colega de trabalho ou alguém que esteja lhe prestando um serviço.

POSIÇÃO 10

O RESULTADO

Você terá a oportunidade de encontrar um trabalho satisfatório. Ele será como cuidar de um jardim. Poderá ser benéfico para você trabalhar com outras pessoas, desde que sejam tão corretas quanto você. Um colega de trabalho ou alguém que presta serviços poderá estar envolvido.

POSIÇÃO 11

OUROS 5

QUATRO DE OUROS

A POSSESSIVIDADE

POSIÇÃO 1

VOCÊ

Você precisa se agarrar ao que tem. Administre e proteja tudo com cuidado. As coisas precisam ser colocadas em ordem e na perspectiva adequada. Reflita sobre seu valor e o que é valioso para você. Está na hora de pensar como um executivo.

POSIÇÃO 2

O QUE O CERCA

Você está cercado por aqueles que acreditam que devem se agarrar ao que têm. Embora as habilidades de gestão deles sejam elevadas, assim como a preocupação com a segurança, eles colocam as próprias necessidades como prioridade. Um executivo poderá ajudar ou precisar de ajuda.

O QUE O BLOQUEIA

A possessividade, ou a ausência dela, bloqueia o progresso. Somos guardiões, e não donos das coisas que temos e daqueles que amamos. Agarrar-nos em excesso às coisas ou deixá-las ir com muita facilidade são atitudes igualmente errôneas. O problema pode ser um executivo.

POSIÇÃO 3

SUA BASE

Sua capacidade de se agarrar ao que tem é crucial para a situação. Administre e proteja tudo com cuidado. Coloque as coisas em ordem e na perspectiva adequada. Defenda-se do egoísmo e da ganância. Lidar com os hábitos de um executivo é essencial.

POSIÇÃO 4

O QUE ESTÁ ATRÁS DE VOCÊ

No passado, você se agarrou ao que tinha. Talvez tenha administrado e protegido bem suas posses, mas seu egoísmo poderá voltar agora para assediá-lo. Coloque as coisas na perspectiva adequada. A influência de um executivo pode estar chegando ao fim.

POSIÇÃO 5

O QUE O REALIZA

Seria proveitoso administrar e proteger o que está sob sua responsabilidade. Visualize-se como o guardião honrado do que está a seu encargo. Sinta que forças protetoras o estão ajudando a cumprir bem essa missão. Conheça a alegria da responsabilidade.

POSIÇÃO 6

O QUE ESTÁ DIANTE DE VOCÊ

Você em breve vai que estimar o valor da sabedoria de se agarrar ao que tem. A boa gestão é enfatizada. Conserve e proteja aquilo que reflete os verdadeiros valores e o que você precisa para evoluir. Um executivo poderá estar envolvido.

POSIÇÃO 7

OUROS

POSIÇÃO 8 — COMO SE APRESENTAR

Apresente-se como conservador no melhor sentido da palavra. Mostre que suas prioridades estão em ordem e que é capaz de administrar e proteger o que está sob sua responsabilidade. Demonstre uma autoestima elevada. Aja como um executivo.

POSIÇÃO 9 — COMO OS OUTROS O CONSIDERAM

Os outros o consideram conservador, determinado a se agarrar ao que tem. A maioria o vê como alguém que protege o que está sob sua responsabilidade e o considera um bom gestor. Você parece ter o perfil ideal de um executivo. Alguns o consideram ganancioso.

POSIÇÃO 10 — SUAS ESPERANÇAS E MEDOS

Você espera ser capaz de se agarrar ao que tem, administrando e protegendo o que está sob sua responsabilidade, mas receia que ao fazer isso você vai se desviar de novas e estimulantes oportunidades.

POSIÇÃO 11 — O RESULTADO

Você terá que estimar o valor da sabedoria de se agarrar ao que tem. A boa gestão é enfatizada. Conserve e proteja aquilo que reflete os verdadeiros valores e o que você precisa para evoluir. Um executivo poderá estar envolvido.

CINCO DE OUROS
A ANSIEDADE

VOCÊ

Você precisa aprender a lidar com o estresse e a ansiedade. Enquanto não enfrentar a origem das suas preocupações, não se concentrar no presente e não fizer o que puder com que o tem agora, suas ações poderão ficar paralisadas. O gerenciamento do estresse é uma consideração fundamental.

POSIÇÃO 1

O QUE O CERCA

Você está cercado por uma atmosfera de estresse e ansiedade. As preocupações podem paralisar suas ações. É preciso enfrentar a origem delas antes que todos comecem a agir, de modo atribulado, como podem e com o que têm. Uma pessoa ansiosa poderá ajudar ou precisar de ajuda.

POSIÇÃO 2

POSIÇÃO 3 — O QUE O BLOQUEIA

A ansiedade ou a negação bloqueia o progresso. A preocupação causa estresse, o que afeta a saúde e reduz a eficiência. Reprimir a ansiedade quando há razão para preocupação retarda as ações corretivas. O problema pode ser uma pessoa ansiosa.

POSIÇÃO 4 — SUA BASE

Sua capacidade de lidar com o estresse e a ansiedade é crucial para a situação. As preocupações podem paralisar suas ações até você enfrentar a origem delas e começar a fazer o que pode com o que tem. Lidar com uma pessoa ansiosa é fundamental.

POSIÇÃO 5 — O QUE ESTÁ ATRÁS DE VOCÊ

Você sentiu estresse e ansiedade no passado. Se não enfrentou a origem desses sentimentos, não se concentrou no presente e não fez o que podia fazer com o que você tinha, sua eficiência foi prejudicada. A influência de uma pessoa ansiosa pode estar chegando ao fim.

POSIÇÃO 6 — O QUE O REALIZA

Seria proveitoso lidar com o estresse e a ansiedade. Visualize-se enfrentando suas preocupações. Pergunte a elas do que estão tentando protegê-lo. Escute atentamente o que têm a dizer. Agradeça a e siga em frente.

POSIÇÃO 7 — O QUE ESTÁ DIANTE DE VOCÊ

Em breve você terá que lidar com o estresse, a ansiedade ou a negação. As preocupações paralisarão suas ações até que você enfrente a origem delas, se concentre no momento presente e faça o que puder fazer com o que tem. Uma pessoa ansiosa talvez esteja envolvida.

COMO SE APRESENTAR

Apresente-se como alguém que precisa lidar com o estresse e a ansiedade. Mostre aos outros que está passando por um momento difícil na vida. Pedir a ajuda deles não é fraqueza e sim uma grande demonstração de força. Se o evitarem, procure compreender.

POSIÇÃO 8

COMO OS OUTROS O CONSIDERAM

Os outros o veem como alguém que precisa lidar com o estresse e a ansiedade. Você os preocupa. Podem perceber que você está sofrendo. Eles talvez estejam preocupados com o fato de não poder fazer o bastante para ajudar. Alguns poderão evitá-lo por causa disso.

POSIÇÃO 9

SUAS ESPERANÇAS E MEDOS

Você tem esperança de poder lidar com o estresse e a ansiedade, mas receia não ser capaz disso. Talvez receie ter medo. Concentre-se no que estiver fazendo agora, não no passado ou no futuro. Pode temer uma pessoa ansiosa, ou temer por ela.

POSIÇÃO 10

O RESULTADO

Você terá que lidar com o estresse, a ansiedade ou a negação. As preocupações poderão paralisar suas ações até que você enfrente a origem delas, se concentre no momento presente e faça o que puder fazer com o que tem. Uma pessoa ansiosa talvez esteja envolvida.

POSIÇÃO 11

OUROS

SEIS DE OUROS

A GENEROSIDADE

POSIÇÃO 1

VOCÊ

Você precisa experimentar a verdadeira generosidade. A realização é alcançada por meio do compartilhamento. Abandone todo fingimento. Se puder, doe de si mesmo e do seu coração. Se não puder, peça o que precisa. Seja grato pela generosidade dos outros.

POSIÇÃO 2

O QUE O CERCA

Você está cercado pelo espírito da generosidade, do compartilhamento e das riquezas. Não pode haver fingimento. Você só precisa pedir e receberá. Dê o que puder para os outros. Uma pessoa generosa poderá ajudar ou precisar de ajuda.

O QUE O BLOQUEIA

A generosidade, ou a ausência dela, bloqueia o progresso. Receber em excesso destrói a iniciativa. Dar em excesso ou dar para aqueles que não merecem esgota os recursos. Abster-se de dar uma ajuda necessária gera um mau karma. Uma pessoa generosa pode ser o problema.

POSIÇÃO 3

SUA BASE

A verdadeira generosidade é crucial para sua situação. A realização é alcançada por meio do compartilhamento. Abandone todo fingimento. Se puder, doe de si mesmo e do seu coração. Se não puder, peça o que precisa. Lidar com a generosidade dos outros é fundamental.

POSIÇÃO 4

O QUE ESTÁ ATRÁS DE VOCÊ

No passado, você viu o que é a verdadeira generosidade. A realização foi alcançada por meio do compartilhamento. Todo o fingimento foi abandonado quando todos deram o que puderam. Renove esse espírito de generosidade. A influência de uma pessoa generosa pode estar chegando ao fim.

POSIÇÃO 5

O QUE O REALIZA

Seria proveitoso manifestar a verdadeira generosidade. Visualize-se dando o que pode para aqueles que merecem. Agora veja seus presentes voltando duplicados para você, não provenientes daqueles para quem você deu, e sim de fontes divinas.

POSIÇÃO 6

O QUE ESTÁ DIANTE DE VOCÊ

Voce em breve manifestará a verdadeira generosidade. Compartilhar trará a realização. Todo fingimento deverá ser abandonado. Você receberá aquilo que pedir. Se puder, retribua esse regalo presenteando outras pessoas. Alguém generoso poderá se envolver.

POSIÇÃO 7

COMO SE APRESENTAR

Apresente-se como uma pessoa generosa, disposta a dar o que puder, de coração, para aqueles que merecem. Abandone todo fingimento. Se você estiver necessitado, peça e receberá.

COMO OS OUTROS O CONSIDERAM

Os outros o consideram uma pessoa generosa que está disposta a dar o que puder, de coração, para aqueles que merecem. Eles sabem que você não é arrogante. Eles querem ser generosos com você. Os inescrupulosos o veem como uma fonte de riqueza e abundância.

SUAS ESPERANÇAS E MEDOS

Você espera manifestar uma verdadeira generosidade na sua vida, mas teme não conseguir isso. Você receia não ter o suficiente para compartilhar. Seu orgulho talvez esteja impedindo que você ajude ou receba ajuda. Você poderá temer uma pessoa generosa, ou temer por ela.

O RESULTADO

Você manifestará a verdadeira generosidade. Compartilhar trará a realização. Todo fingimento deverá ser abandonado. Você receberá aquilo que pedir. Se puder, retribua esse regalo presenteando outras pessoas. Alguém generoso poderá se envolver.

SETE DE OUROS
A FRUSTRAÇÃO

VOCÊ

Você precisa lidar com a frustração. Se o trabalho árduo não compensou como planejado, lembre-se de que as expectativas são quase sempre pouco razoáveis. Não há garantias. Seja grato, concentre-se no presente e faça o que puder com o que tem.

POSIÇÃO 1

O QUE O CERCA

Você está cercado por sentimentos de frustração, impotência e ingratidão. Não espere nada. Seja grato pelo que tem, concentre-se no presente e faça o que puder com o que você tem. Uma pessoa decepcionada poderá ajudar ou precisar de ajuda.

POSIÇÃO 2

POSIÇÃO 3 — O QUE O BLOQUEIA

A frustração o bloqueia. Expectativas são quase sempre pouco razoáveis. A frustração resulta de sentimentos de ingratidão ou impotência. A frustração negada pode retardar uma mudança necessária. Uma pessoa decepcionada talvez seja o problema.

POSIÇÃO 4 — SUA BASE

Sua capacidade de lidar com sentimentos de frustração, impotência e ingratidão é crucial para sua situação. Seja grato pelo que tem, concentre-se no presente e faça o que puder com o que você tem agora. Lidar com uma pessoa decepcionada é fundamental.

POSIÇÃO 5 — O QUE ESTÁ ATRÁS DE VOCÊ

Você enfrentou sentimentos de frustração, impotência e ingratidão no passado. Se aprendeu a sentir gratidão pelo que tinha e continuou sua caminhada, terá deixado para trás a frustração. A influência de uma pessoa decepcionada pode estar chegando ao fim.

POSIÇÃO 6 — O QUE O REALIZA

Seria proveitoso lidar com sentimentos de frustração, impotência e ingratidão. Visualize todas as coisas boas que você tem. Agora, veja as inúmeras vezes em que achou que nunca as obteria. Entenda que, neste momento, você é mais poderoso.

POSIÇÃO 7 — O QUE ESTÁ DIANTE DE VOCÊ

Você em breve terá que lidar com sentimentos de frustração, impotência e ingratidão. Seja grato pelo que tem. Concentre-se no momento presente. Faça o que puder com o que tem. Mais trabalho árduo será necessário antes que você veja resultados. Uma pessoa decepcionada poderá estar envolvida.

COMO SE APRESENTAR

Apresente-se como alguém que se sente frustrado e impotente diante das circunstâncias atuais. Se conseguir se lembrar de ser grato pelo que é bom, você triunfará. Procure não parecer ingrato.

POSIÇÃO 8

COMO OS OUTROS O CONSIDERAM

Os outros o veem como alguém que se sente frustrado e impotente diante das circunstâncias atuais. Você parece ter medo do fracasso e estar preocupado com o futuro. Também pode dar a impressão de ser ingrato.

POSIÇÃO 9

SUAS ESPERANÇAS E MEDOS

Você tem esperança de saber lidar com sentimentos de frustração, impotência e ingratidão, mas receia não conseguir fazer isso. Concentre-se no presente. Faça o que puder com o que tem e seja grato. Pode temer uma pessoa decepcionada, ou temer por ela.

POSIÇÃO 10

O RESULTADO

Você terá que lidar com sentimentos de frustração, impotência e ingratidão. Seja grato pelo que tem. Concentre-se no momento presente. Faça o que puder com o que tem. Mais trabalho árduo será necessário antes que você veja resultados. Uma pessoa decepcionada poderá estar envolvida.

POSIÇÃO 11

OUROS

OITO DE OUROS
A HABILIDADE

POSIÇÃO 1

VOCÊ

Você precisa interagir com a sua situação como um artesão habilidoso. Estude seu tema, aprenda enquanto trabalha, preste atenção a todos os detalhes com amor e habilidade, e evite o perfeccionismo. Não pense em resultados ou recompensas.

POSIÇÃO 2

O QUE O CERCA

Você está cercado por uma atmosfera de talento e reconhecimento. Os métodos para que alcance seus objetivos estão disponíveis, desde que os aprenda com os especialistas que estão à sua volta. Um artesão poderá ajudar ou precisar de ajuda.

O QUE O BLOQUEIA

A habilidade, ou a falta dela, bloqueia o progresso. Você pode ser perfeccionista em excesso e não ser prático o bastante. A ausência de detalhes e talento artístico pode fazer com que as coisas pareçam grosseiras. Uma pessoa muito meticulosa talvez seja o problema.

POSIÇÃO 3

SUA BASE

O nível de aprendizado, habilidade e talento artístico que possui é crucial para a situação. Se um nível elevado dessas três coisas estiver presente, haverá sucesso, desde que o perfeccionismo seja evitado. Lidar com a habilidade de um artesao é fundamental.

POSIÇÃO 4

O QUE ESTÁ ATRÁS DE VOCÊ

No passado, você viu o benefício resultante da utilização máxima do talento e da atenção aos detalhes. Caso tenha havido um excesso de perfeccionismo, tempo foi desperdiçado. Use a perfeição como uma meta. A influência de um artesão pode estar chegando ao fim.

POSIÇÃO 5

O QUE O REALIZA

Seria proveitoso lidar com a situação como um artesão habilidoso lidaria. Visualize cada elemento da situação como um tijolo que você examina com cuidado enquanto constrói sua casa. Seja um construtor habilidoso e viva bem.

POSIÇÃO 6

O QUE ESTÁ DIANTE DE VOCÊ

Você logo alcançará ou manifestará a habilidade, dedicação, atenção aos detalhes e os grandes resultados de um artesão talentoso. Para ser bem--sucedido, evite o perfeccionismo e pense apenas na tarefa que tem diante de si. Uma pessoa muito meticulosa poderá se tornar envolvida.

POSIÇÃO 7

OUROS

POSIÇÃO 8

COMO SE APRESENTAR

Apresente-se como uma pessoa habilidosa e dedicada que demonstrou ser um mestre na profissão que escolheu. Mostre que é atento aos detalhes sem ser perfeccionista.

POSIÇÃO 9

COMO OS OUTROS O CONSIDERAM

Os outros o consideram uma pessoa habilidosa e dedicada que demonstrou dominar a profissão que escolheu. Eles percebem que você é atento aos detalhes. Alguns poderão vê-lo como um perfeccionista muito meticuloso mais interessado no que está errado do que no que está certo.

POSIÇÃO 10

SUAS ESPERANÇAS E MEDOS

Você espera poder demonstrar que domina a profissão que escolheu, mas receia não ser competente o bastante. Para ser bem-sucedido, pense apenas na tarefa que tem diante de si. Poderá temer um artesão ou um perfeccionista, ou temer por ele.

POSIÇÃO 11

O RESULTADO

Você alcançará ou manifestará a habilidade, dedicação, atenção aos detalhes e os grandes resultados de um artesão talentoso. Para ser bem-sucedido, evite o perfeccionismo e pense apenas na tarefa que tem diante de si. Uma pessoa muito meticulosa poderá se tornar envolvida.

NOVE DE OUROS

A ABUNDÂNCIA

VOCÊ

Você precisa ser autossuficiente, independente e livre. Escute seu corpo e como a Mãe Natureza fornece tudo o que é necessário. Trate sua saúde como sua maior riqueza. Vá para espaços abertos, para a natureza e faça sua parte.

POSIÇÃO 1

O QUE O CERCA

Você está cercado por uma atmosfera de independência, autossuficiência e abundância. É possível aumentar sua riqueza de várias maneiras. Uma melhora na saúde é um aumento na riqueza. Um amante da natureza poderá ajudar ou precisar de ajuda.

POSIÇÃO 2

POSIÇÃO 3 — O QUE O BLOQUEIA

A abundância, ou a falta dela, bloqueia o progresso. Quando excessiva, você não consegue se identificar com os menos afortunados. Quando pouca, se ressente daqueles que têm mais do que você. Trate a saúde como trataria a riqueza. É preciso lidar com sua independência ou a falta dela. A ecologia ou um amante da natureza pode ser o problema.

POSIÇÃO 4 — SUA BASE

Sua capacidade de ser autossuficiente, independente e livre é crucial para a situação. Aprenda a respeito da dádiva da Mãe Natureza. Trate a saúde como trataria a riqueza. Lidar com a ecologia ou as preocupações de um amante da natureza é fundamental.

POSIÇÃO 5 — O QUE ESTÁ ATRÁS DE VOCÊ

Você viu no passado os benefícios de ser autossuficiente e saudável. Se não aplicou o que aprendeu, houve desperdício de tempo. Sua independência reside no que aprendeu. As preocupações ecológicas ou aquelas de um amante da natureza podem estar chegando ao fim.

POSIÇÃO 6 — O QUE O REALIZA

Seria proveitoso ser independente. Visualize-se nos braços da Mãe Natureza. Veja-a dar a você sua parcela de saúde e riqueza. Saiba que merece tudo o que ela lhe dá. Prometa recuperar sua conexão com ela.

POSIÇÃO 7 — O QUE ESTÁ DIANTE DE VOCÊ

Você logo será capaz de ser independente, autossuficiente e livre. Você virá a conhecer a verdadeira abundância de uma maneira muito natural. Sua saúde poderá melhorar, sua riqueza e talvez sua cintura poderão ganhar alguns números. Um amante da natureza poderá estar envolvido.

COMO SE APRESENTAR

Apresente-se como uma pessoa independente, autossuficiente e naturalista. Mostre que é uma fonte abundante de ideias, inspiração e da sabedoria valiosa que a natureza nos ensina. Demonstre a conexão entre a natureza e a cura.

POSIÇÃO 8

COMO OS OUTROS O CONSIDERAM

Os outros o consideram uma pessoa independente, autossuficiente e naturalista. Você parece ser uma fonte abundante de ideias, inspiração e da valiosa sabedoria que a natureza nos ensina.

POSIÇÃO 9

SUAS ESPERANÇAS E MEDOS

Você tem esperança de conhecer a saúde e a riqueza abundantes, bem como a sabedoria que a natureza nos ensina, mas receia que isso possa não acontecer. O fato de ter coisas não significa que haverá menos para os outros. Você pode ter medo da sua independência, ou temer por ela. Você pode, ainda, temer a ecologia ou um amante da natureza, ou temer por eles.

POSIÇÃO 10

O RESULTADO

Você será capaz de ser independente, autossuficiente e livre. Você virá a conhecer a verdadeira abundância de uma maneira muito natural. Sua saúde poderá melhorar, sua riqueza e talvez sua cintura poderão ganhar alguns números. Um amante da natureza poderá estar envolvido.

POSIÇÃO 11

OUROS

DEZ DE OUROS

A PROTEÇÃO

POSIÇÃO 1

VOCÊ

Você precisa tornar sua base segura. Recorra ao apoio dos seus vínculos passados e ricas tradições familiares. Se investir de uma maneira conservadora, e não fizer especulações, seu sucesso estará garantido. Você poderá encontrar sua própria dinastia.

POSIÇÃO 2

O QUE O CERCA

Você está cercado por um forte apoio, uma rica herança e proteção. Pode se desenvolver a partir da base lançada por outras pessoas. A chance de obter muito mais do que deseja é real. Uma pessoa ou um parente protetor poderá ajudar ou precisar de ajuda.

O QUE O BLOQUEIA

A proteção, ou a ausência dela, bloqueia seu progresso. A proteção excessiva o impede de aprender importantes lições da vida. A proteção insuficiente fere e faz com que precise se curar. Um nome ou uma reputação pode ser uma maldição. Uma pessoa ou um parente muito protetor talvez seja o problema.

SUA BASE

Tornar sua base segura é crucial para a situação. Desenvolva-se a partir do trabalho e dos valores daqueles que o precederam. Depois, poderá manifestar seus desejos ainda mais do que eles. É fundamental lidar com o zelo dos outros.

O QUE ESTÁ ATRÁS DE VOCÊ

No passado, você viu os benefícios de se desenvolver a partir do trabalho e dos valores de outras pessoas. Se você seguiu por atalhos ou especulou, desperdiçou tempo. Sua tradição poderá ajudá-lo a se sair bem agora. A influência de uma pessoa ou um parente protetor pode estar chegando ao fim.

O QUE O REALIZA

Seria proveitoso fazer parte de uma rica tradição. Visualize-se como um dos primeiros colonizadores desta terra. Sinta-se aceitando a responsabilidade de administrá-la. Veja que você descende de dois, de muitos e de Um.

O QUE ESTÁ DIANTE DE VOCÊ

Você em breve se sentirá apoiado e protegido por regras e estruturas estabelecidas e poderá utilizar essa segurança para aumentar sua riqueza, *status* e influência. Uma grande riqueza poderá ser sua. Uma pessoa ou um parente protetor poderá estar envolvido.

POSIÇÃO 8 — COMO SE APRESENTAR

Apresente-se como bem-sucedido, respeitador das ricas tradições e capaz de se desenvolver a partir do que o precedeu. Demonstre que recebeu ensinamentos de especialistas e pode investir seus recursos com sabedoria. Proteja o que você ama.

POSIÇÃO 9 — COMO OS OUTROS O CONSIDERAM

Os outros o consideram protetor, muito bem-sucedido e respeitador das ricas tradições. Você os faz lembrar de um dos parentes deles. Acham que você recebeu ensinamentos de especialistas, pode investir recursos com sabedoria e se desenvolver a partir do que o precedeu.

POSIÇÃO 10 — SUAS ESPERANÇAS E MEDOS

Você tem esperança de alcançar um nível se segurança financeira que perdurará para sempre, mas receia que isso não seja possível. Talvez deseje uma posição social, mas receia os encargos que ela requer. Você pode temer uma pessoa ou parente protetor, ou temer por ele ou ela.

POSIÇÃO 11 — O RESULTADO

Você se sentirá apoiado e protegido por regras e estruturas estabelecidas e poderá utilizar essa segurança para aumentar sua riqueza, *status* e influência. Uma grande riqueza poderá ser sua. Uma pessoa ou um parente protetor poderá estar envolvido.

VALETE DE OUROS
A PRATICABILIDADE

VOCÊ

Você precisa se concentrar na comunicação de questões práticas, informações úteis e valores. Confie nos seus instintos naturais. Uma nova ideia comercial está próxima. Faça anotações e listas. Mantenha registros e recibos guardados em segurança.

POSIÇÃO 1

O QUE O CERCA

Você está cercado pela necessidade de comunicar informações úteis e valores práticos. Uma nova ideia comercial está próxima. Cerque-se de coisas bonitas. Uma pessoa jovem, prática ou objetiva poderá ajudar ou precisar de ajuda.

POSIÇÃO 2

OUROS

POSIÇÃO 3 — O QUE O BLOQUEIA

Ser prático demais ou pouco prático bloqueia seu progresso. Desconsiderar a emoção, a intuição e a imaginação é muito pouco sensato. Ser frívolo não lhe traz nenhuma vantagem. Uma nova ideia comercial ou uma pessoa jovem, muito prática, talvez seja o problema.

POSIÇÃO 4 — SUA BASE

Sua capacidade de valorizar e comunicar as informações é crucial para a situação. Uma nova ideia comercial pode se tornar real se um plano for elaborado e seguido. É fundamental lidar com a praticabilidade e a objetividade de uma pessoa jovem.

POSIÇÃO 5 — O QUE ESTÁ ATRÁS DE VOCÊ

No passado, a transmissão de valores, informações úteis ou uma nova ideia comercial foram questões importantes. A não ser que objetivos tenham sido definidos e alcançados, tempo foi desperdiçado. A influência de uma pessoa jovem, prática ou objetiva, pode estar chegando ao fim.

POSIÇÃO 6 — O QUE O REALIZA

Seria proveitoso transmitir informações úteis, práticas e técnicas. Visualize-se plantando as sementes das suas ideias nas pessoas com quem se importa. Veja-as crescer e florescer. Uma nova ideia comercial poderá lhe ocorrer.

POSIÇÃO 7 — O QUE ESTÁ DIANTE DE VOCÊ

Você poderá encontrar em breve uma pessoa que está envolvida na comunicação de informações práticas e técnicas muito proveitosas, ou ter que agir como alguém assim. Uma nova ideia comercial poderá lhe ocorrer. Talvez faça uma proposta para uma nova ideia. Uma pessoa jovem e objetiva poderá se tornar importante.

COMO SE APRESENTAR

Apresente-se como alguém interessado na comunicação de informações práticas e técnicas muito proveitosas. Não tenha medo de pegar no pesado. Mostre que está focado em benefícios, não no *glamour*, e gosta de suar fazendo um trabalho honesto.

POSIÇÃO 8

COMO OS OUTROS O CONSIDERAM

Os outros o consideram interessado na comunicação de informações práticas e técnicas muito proveitosas. Você parece gostar de colocar a mão na massa e do suor do trabalho honesto. Alguns podem achar que você é muito lento.

POSIÇÃO 9

SUAS ESPERANÇAS E MEDOS

Você espera poder aprender ou ensinar informações práticas e técnicas muito proveitosas, mas receia não poder fazer isso. Você talvez tenha medo do trabalho árduo, de pegar no pesado ou da normalidade. Você pode temer uma nova ideia comercial ou uma pessoa jovem e objetiva, ou temer por elas.

POSIÇÃO 10

O RESULTADO

Você poderá encontrar uma pessoa que está envolvida na comunicação de informações práticas e técnicas muito proveitosas, ou ter que agir como alguém assim. Uma nova ideia comercial poderá lhe ocorrer. Talvez faça uma proposta para uma nova ideia. Uma pessoa jovem e objetiva poderá se tornar importante.

POSIÇÃO 11

OUROS

CAVALEIRO DE OUROS

A CONFIABILIDADE

POSIÇÃO 1

VOCÊ

Você precisa fazer parte da execução de uma nova ideia comercial. Seja confiável e um bom prestador de serviços. Fale com seriedade e apenas se tiver algo a dizer. Tome cuidado para não se preocupar demais com ganhos e bens.

POSIÇÃO 2

O QUE O CERCA

Você está cercado pela necessidade de conduzir os negócios de uma maneira séria e confiável. Pode haver uma fixação na riqueza. Um novo negócio talvez esteja começando. Uma pessoa jovem e confiável poderá ajudar ou precisar de ajuda.

O QUE O BLOQUEIA

A credibilidade, ou a falta dela, bloqueia o progresso. A obediência cega reprime a criatividade. A falta de confiança torna impossível acreditar, planejar ou sentir segurança. A execução de uma nova ideia comercial ou uma pessoa jovem e objetiva pode ser o problema.

POSIÇÃO 3

SUA BASE

Sua habilidade em executar uma nova ideia comercial é crucial para a situação. Seja confiável e coerente. Permaneça firme na sua posição. Concentre-se nos aspectos práticos da situação. Lidar com a credibilidade de uma pessoa jovem é fundamental.

POSIÇÃO 4

O QUE ESTÁ ATRÁS DE VOCÊ

Você viu no passado o resultado da execução de uma nova ideia comercial. Se não se comportou de uma maneira séria e confiável, faça isso agora. O entusiasmo a respeito de um novo negócio ou a influência de uma pessoa jovem e confiável pode estar chegando ao fim.

POSIÇÃO 5

O QUE O REALIZA

Seria proveitoso se comportar de uma maneira séria, confiável e metódica. Visualize as necessidades da sua situação como se fosse seu próprio gerente pronto para cuidar delas na ordem mais prática possível.

POSIÇÃO 6

O QUE ESTÁ DIANTE DE VOCÊ

Você encontrará em breve um prestador de serviços confiável, de quem poderá depender, ou terá que agir como alguém assim. Um novo negócio poderá começar. Talvez tenha que dizer e fazer qualquer coisa que seja necessária para concluir o trabalho. Uma pessoa jovem e confiável poderá estar envolvida.

POSIÇÃO 7

OUROS

POSIÇÃO 8 — COMO SE APRESENTAR

Apresente-se como uma pessoa séria, confiável e bem organizada que deseja se entrosar e se sair bem. Demonstre seu amor pela beleza e pelas riquezas do mundo físico. Fale devagar e com cuidado. Mostre que sabe desenvolver um negócio.

POSIÇÃO 9 — COMO OS OUTROS O CONSIDERAM

Os outros o consideram sério, responsável e bem organizado. Você parece adorar as recompensas do mundo físico. A maioria percebe que você sabe como desenvolver um negócio. Alguns o veem como muito obstinado ou viciado em bens e riqueza.

POSIÇÃO 10 — SUAS ESPERANÇAS E MEDOS

Você tem esperança de ser confiável, mas receia não poder cumprir seus compromissos de longo prazo. Você talvez tenha medo de ser incompetente, sem imaginação, obstinado ou desinteressante nos negócios. Você pode temer uma pessoa jovem e confiável, ou temer por ela.

POSIÇÃO 11 — O RESULTADO

Você encontrará um prestador de serviços confiável, de quem poderá depender, ou terá que agir como alguém assim. Um novo negócio poderá começar. Talvez tenha que dizer e fazer qualquer coisa que seja necessária para concluir o trabalho. Uma pessoa jovem e confiável poderá estar envolvida.

RAINHA DE OUROS

A BOA SORTE

VOCÊ

Você precisa proteger a sua boa sorte e a daqueles com quem se importa. Festas que lhe propiciam contatos sociais podem beneficiá-lo. Patrocine as artes e desfrute suas riquezas o melhor que puder. Isso será compensador.

POSIÇÃO 1

O QUE O CERCA

Você está cercado pela capacidade de proteger a sua boa sorte e a daqueles com quem se importa. Os contatos sociais podem beneficiá-lo enormemente. Patrocine as artes e desfrute suas riquezas. Uma pessoa rica poderá ajudar ou precisar de ajuda.

POSIÇÃO 2

POSIÇÃO 3 — O QUE O BLOQUEIA

A boa sorte, ou a falta dela, bloqueia o progresso. Veja como os desafortunados vivem ou correm o risco de se privar da sua humanidade. A ausência da boa sorte semeia dúvidas e enfraquece a determinação. Uma pessoa rica ou que aspira a riqueza pode ser o problema.

POSIÇÃO 4 — SUA BASE

A proteção da sua boa sorte e a daqueles com quem se importa é crucial para a situação. Os contatos sociais podem beneficiá-lo enormemente. Patrocine as artes e desfrute suas riquezas. É importante lidar com os costumes de uma pessoa rica.

POSIÇÃO 5 — O QUE ESTÁ ATRÁS DE VOCÊ

Você aprendeu no passado os custos e os benefícios de proteger a sua boa sorte e a daqueles com quem se importa. Aplique à situação atual o que você aprendeu na época. A influência de uma pessoa rica pode estar chegando ao fim.

POSIÇÃO 6 — O QUE O REALIZA

Seria proveitoso proteger a sua boa sorte e a daqueles com quem se importa. Visualize-se como o governante do seu reino, capaz de usar seu poder e influência para fazer isso com facilidade. Veja quem são seus parceiros desejosos de ajudar.

POSIÇÃO 7 — O QUE ESTÁ DIANTE DE VOCÊ

Você em breve encontrará uma pessoa que sabe como proteger sua boa sorte e a daqueles com quem se importa, ou terá que agir como uma. Patrocinar as artes ou frequentar festas pode lhe proporcionar contatos sociais. Uma pessoa rica será importante.

COMO SE APRESENTAR

Apresente-se como alguém que protege a sua boa sorte e a daqueles com quem se importa. Mostre que tem poder e contatos influentes. Seja um patrono das artes. Não tenha medo de desfrutar sua riqueza. Você a conquistou.

POSIÇÃO 8

COMO OS OUTROS O CONSIDERAM

Os outros o veem como alguém que protege a sua boa sorte e a daqueles com quem se importa. Percebem seu poder e seus contatos influentes. Você parece ter conquistado sua riqueza. Algumas pessoas mesquinhas o acharão esnobe e convencido.

POSIÇÃO 9

SUAS ESPERANÇAS E MEDOS

Você tem esperança de conseguir ser alguém que protege a sua boa sorte e a daqueles com quem se importa, mas receia não ser capaz disso. Pode ter medo de vir a ser como alguém de quem você não gostava. Você pode temer uma pessoa rica, ou temer por ela.

POSIÇÃO 10

O RESULTADO

Você encontrará uma pessoa que sabe como proteger a sua boa sorte e a daqueles com quem você se importa, ou terá que agir como uma. Patrocinar as artes ou frequentar festas pode lhe proporcionar contatos sociais. Uma pessoa rica será importante.

POSIÇÃO 11

OUROS

REI DE OUROS

O PRAGMATISMO

POSIÇÃO 1

VOCÊ

Você precisa ser pragmático e participar bem do jogo político. Interaja de modo descontraído com todas as pessoas, independentemente do *status* delas. Concentre-se nas coisas essenciais. Obtenha vantagens estudando matemática. Aprenda a ser natural observando os hábitos dos animais. Trabalhar com as mãos é bom para você.

POSIÇÃO 2

O QUE O CERCA

Você está cercado pelo pragmatismo e pela política. Existe a necessidade de se concentrar nas coisas essenciais. Embora possa haver uma falta de sofisticação, a chance de um ganho financeiro é bastante real. Uma pessoa pragmática poderá ajudar ou precisar de ajuda.

O QUE O BLOQUEIA

O pragmatismo, ou a ausência dele, bloqueia o progresso. A falta de habilidade política ou sofisticação o limita. Desconsiderar os fatos porque são deselegantes é insensatez. Uma pessoa muito pragmática ou obstinada pode ser o problema.

SUA BASE

Sua capacidade de ser pragmático e participar do jogo político é crucial para sua situação. Interaja bem com todas as pessoas que encontrar, independentemente do *status* delas. Concentre-se nas coisas essenciais. Seja bondoso com os animais. Aprenda matemática financeira. Lidar com as habilidades de uma pessoa pragmática bem-sucedida é fundamental.

O QUE ESTÁ ATRÁS DE VOCÊ

No passado, sua capacidade de ser pragmático e participar do jogo político foi testada. Foi necessário interagir bem com todas as pessoas. Os resultados desse teste precisam ser aplicados agora. A influência de uma pessoa pragmática pode estar chegando ao fim.

O QUE O REALIZA

Seria proveitoso ser pragmático e lidar de modo positivo com as realidades políticas que você enfrenta. Visualize-se interagindo bem com todas as pessoas que encontra, aprendendo com elas e obtendo apoio. Compreenda que essa é uma maneira espiritual de viver.

O QUE ESTÁ DIANTE DE VOCÊ

Você encontrará em breve uma pessoa que sabe como ser pragmática e fazer política, ou terá que agir como uma. Deixe-se guiar pelos seus instintos. Você poderá ser ajudado por um negociante rico e objetivo, e aprender como se tornar uma pessoa com essas características.

POSIÇÃO 8 — COMO SE APRESENTAR

Apresente-se como um político experiente e pragmático. Aja como se tivesse tudo sob controle. Preste atenção a orçamentos e números. Demonstre que aprecia a boa comida, a natureza, os esportes e os animais. Interaja bem com todos que encontrar, não importa quem sejam.

POSIÇÃO 9 — COMO OS OUTROS O CONSIDERAM

Os outros o consideram um político experiente e pragmático. Você parece ter tudo sob controle. Interage bem com todos que encontra. Você pode ser objetivo demais para algumas pessoas, mas todos sabem que é um amigo valioso e um inimigo poderoso.

POSIÇÃO 10 — SUAS ESPERANÇAS E MEDOS

Você tem esperança de que a *persona* de um político experiente, pragmático, rico e poderoso o ajudará a alcançar suas metas, mas receia que isso possa não acontecer. Você talvez tenha medo de que gostem de você por causa da sua riqueza. Pode temer uma pessoa pragmática, ou temer por ela.

POSIÇÃO 11 — O RESULTADO

Você encontrará uma pessoa que sabe como ser pragmática e participar do jogo político, ou terá que agir como uma. Deixe-se guiar pelos seus instintos básicos. Você poderá ser ajudado por um negociante rico e objetivo, e aprender como se tornar um.

GRUPO EDITORIAL PENSAMENTO

O Grupo Editorial Pensamento é formado por quatro selos:
Pensamento, Cultrix, Seoman e Jangada.

Para saber mais sobre os títulos e autores do Grupo
visite o site: www.grupopensamento.com.br

Acompanhe também nossas redes sociais e fique por dentro dos próximos lançamentos, conteúdos exclusivos, eventos, promoções e sorteios.

editoracultrix
editorajangada
editoraseoman
grupoeditorialpensamento

Em caso de dúvidas, estamos prontos para ajudar:
atendimento@grupopensamento.com.br

Pensamento Cultrix SEOMAN JANGADA
GRUPO EDITORIAL PENSAMENTO